照亮自己
ZHAOLIANG ZIJI
我的编辑世界

李又顺 ◎ 著

燕山大学出版社
·秦皇岛·

曾与余光中先生合作,策划出版《我来过,我爱过》("著名中学师生推荐书系"之一种)

与吴思先生合作,策划出版《潜规则——中国历史中的真实游戏》（修订版）及《我想重新解释历史：吴思访谈录》

与复旦大学教授梁永安先生合作,策划出版《那朵盛开的藏波罗花:钟扬小传》

与散文大家梁衡先生合作,策划出版《把栏杆拍遍》《人人皆可为国王》

与网红教授戴建业先生合作,策划出版《激发孩子想象力的古诗100首》

与作家刘亮程先生合作，策划出版《遥远的村庄》（"著名中学师生推荐书系"之一种）

与学者易中天先生合作,策划出版《易家之言》

与出版家贺圣遂先生在一起

好编辑,架起文化的桥梁(序)

任 火

每个生命都对应着一种价值。

人生的选择,就是选择自身的价值对应。

人生旅途,有了这种对应,就会呈现并放大自己的生命价值,让生命放射光芒。

李又顺,而立之年,投身编辑出版,让生命有了价值对应。他让自己的生命化作桥梁,一座这边是作者、那边是读者的文化桥梁。他说:"编辑出版就是要出有价值的东西。"在李又顺的这座文化桥梁上,都是"有价值的东西"。

出版,需要编辑;出"有价值的东西",需要好编辑。

好编辑,是有思想、有文化、有胆识、有格局、有追求的编辑。

李又顺就是这样的好编辑。

照亮自己
——我的编辑世界

编辑出版,形式上是在"为他人做嫁衣",实质上是以他人的作品为载体,呈现、抒发自己的情怀。

每一种出版物上,都打着编辑的烙印。

每一本"有价值的东西"背后,都有一个好编辑。

在李又顺编辑出版的"东西"上,我们不仅看到了作者的面容,也看到了李又顺的身影。

在李又顺的这本书里,我们看到了他对编辑出版的全过程、全景观的思考。

在人类的文化结构中,编辑文化是一种独特的存在。

编辑隐身于作者身后,具有职业的隐匿性。读者关注的是作者,忽略的是编辑。这种隐匿性,是编辑文化的特质。编辑文化,波澜不惊,质朴无华,鲜为大众关注。

但编辑文化是有血有肉、有宽度有高度的。

什么是文化?文化就是人的活法。李又顺的这本书,描画的就是编辑的活法。读着,你会看到编辑的喜怒哀乐,你会感受编辑心灵的律动,你会情不自禁地叫一声:"啊,编辑原来是这样!"

文化是复杂、流动、多变的。文化在不断优化、不断更新、不断扬弃中发展。构建先进、健康、美好的文化生态，需要好作者、好读者、好编辑。

有志于编辑工作的人，读李又顺的这本书，有助于你成为一个好编辑。

文化长河，延绵不绝，浩浩汤汤。我们期待中国编辑出版界，架起更多的文化桥梁，涌现更多的好编辑！

目　录

作者亦是师友　/　1

　　附文　文如其人，人如其文

　　　　——我为梁衡先生编集子的所感所悟　/　2

编辑"遇刺"　/　14

　　附文　一枚刺下必有一朵玫瑰花　/　15

理想丰满，现实骨感　/　20

　　附文　纯粹之苦，纯粹之趣　/　23

为一个人策划一本书　/　29

　　附文　时代的精神镜像　/　30

为一本书打磨　/　34

　　附文一　《计算机教授给孩子讲历史》一书"编者的话"　/　36

　　附文二　厨师与编辑　/　38

为"新人"出版第一本书　/　42

　　附文　城市化运动中的乡村命运　/　44

| 照亮自己
——我的编辑世界

元宇宙引领阅读与出版的未来 / 48

　　附文　元宇宙环境下大众出版的"变"与"不变" / 49

出版的一个契机 / 63

　　附文　"整本书阅读"与出版 / 64

文本转换助推经典传播 / 76

　　附文　文本转换在当下出版中的意义 / 77

编辑的人格修炼 / 90

　　附文　编辑人格建构刍议 / 91

当"编者"遇到"编者" / 113

　　附文　碳达峰碳中和目标下中国绿色出版的发展策略 / 118

从困惑到开朗 / 142

　　附文　思想无缰　创意有魂

　　　　　——创意出版应厘清的五种关系 / 143

好编辑何为？ / 148

　　附文　云出版时代，好编辑如何修成正果

　　　　　（《编辑之友》访谈录） / 150

纸书不会消亡 / 180
  附文 当我们在谈论数字出版时，我们该谈些什么 / 181
编辑力来自哪里？ / 192
  附文 转型期出版人的五种力量 / 193
把自己变成"平台" / 200
  附文 转型之道：从"图书编辑"到"平台编辑" / 200
一切皆有可能 / 206
  附文 新媒体读书会与传统出版 / 207
经典之树常青 / 213
  附文 经典是门好生意 / 213
书名响当当，何其难也！ / 219
  附文 书名煞费思量 / 220
增加对作者的黏性 / 224
  附文 从新经典看内容创业之道 / 225
架起一根天线 / 229
  附文 编辑做畅销书要"势利" / 230

编者与作者的关系微妙 / 235

　　附文　出版的"代理"与"管理" / 236

阅读的美好 / 241

　　附文　编辑的开怀与舒心 / 241

路在脚下 / 244

　　附文　传统出版人,路在何方 / 245

后记 / 250

作者亦是师友

读梁衡先生的文字能深切感到,他的那些文字不是像有的作者那样随意写出来的,而是他用自己的生命反复打磨、提纯最后得到的结晶。他的文字是经过若干级地层沉淀而来的水,是无数次发酵而得来的酒,是千万次孕育而得来的粮食。他的文章里,格言金句迭出,哲理火花四溅,就是一个证明。除一些"大文章"外,梁衡先生还写了大量的杂文,针砭时弊,匡扶正义。总之,这许多年来,他都不曾片刻停下创作的脚步,让生命与事业枯萎,让上天赋予他的才能荒废,反而随着时间之轴推移,他的脚步更快了。

像梁衡这样作家的文字值得阅读,你能从中获取丰富的精神营养;像梁衡这样知行合一的作家极具人格魅力,你能从他身上汲取强大的生命力量。编辑生涯中能与这样的作者合作,甚至能成为师友,真是天赐之福!

附文 文如其人，人如其文
——我为梁衡先生编集子的所感所悟

和梁衡先生相遇、相识已有二十年，我由当时的"年轻编辑"变成了如今的"老编辑"，文雅一点说，叫"资深编辑"。二十年倏忽而过，很多东西都被一阵风吹走了，但留下的东西却历久弥新，被我珍藏在船舱里，成了我人生之舟的"压舱石"。有了它们，我的人生之舟更加笃定、平稳了，也始终有动力确保它沿着正确的航向，驶向彼岸。而在这至关重要的"压舱石"里，就浓缩着我与梁衡先生交往的点点滴滴，以及他所赋予我的人格力量。

梁先生的人格魅力，在我看来有"两重"，一重体现在他的那些闪光的作品里，体现在他笔下的那些伟大人物的不凡经历与命运中；一重则体现在梁衡先生的待人接物与社会交往中。而这两重人格，又互相映衬，互为表里，给人以极大的魅力和震撼。

文如其人：笔下人物都有梁衡的"影子"

我们先来看看梁衡先生笔下的几位人物。

《觅渡，觅渡，渡何处》是梁先生的代表作。梁衡先生笔下的瞿秋白，可谓多才多艺，卓尔不群。文人从政，而且年纪轻轻就登上了人生的"顶峰",他"以一副柔弱的书生之肩,挑起了统帅全党的重担……",在千万条可走而且都能走出一条光明大道的人生路径选择中,瞿秋白偏偏选择了一条文人极不擅长的从政之路,其悲剧结局无可避免。与其说是历史选择了瞿秋白,毋宁说是瞿秋白选择了"历史"。这种"主动"的行为,在瞿秋白看来是"合理的",因为"探索比到达更可贵"。人生境界就此高度"升华",一种脱俗超凡的人格魅力,倾泻而下。

再看看梁衡先生笔下的林则徐和韩愈。这两个人物时代虽不同,但最后他们都有着相似的身份,即都是被朝廷流放的"罪臣"。当然,"罪臣"在我们今天看来,并非真的有罪,他们只是因直谏触怒了皇帝。林则徐被流放到自然条件极其恶劣的新疆戈壁大漠,韩愈则被流放到蛮夷之地的南海。林则徐不忘将内地的水利种植技术推广到清王朝的西北边陲,韩愈不忘把中原的先进耕作技术带到南海之滨。二人都是"戴罪"之身,却以开辟一方新天地,造福一方人民而为后世传颂。"皇帝本是要用边地的恶劣环境折磨他,他却用自己的意志和才能改造了环境;皇帝要用寂寞和孤闷郁杀他,他却在这亘古的荒原上爆出一声惊雷。"(梁衡《最后一位戴罪的功臣》)林则徐、韩愈在逆境中抛开悲苦,以积极的人生之态迅速行动起来,并"爆出一声惊雷",奏响了生命最强音。这样的人格力量,值得万世敬仰。

　　柳永,本是"才子词人,自是白衣卿相",这份自信、自爱的洒脱,却不料因一句"忍把浮名,换了浅斟低唱"惹怒了皇上,命运急转直下,直到47岁那年才考得一个小官。失意之后,他把人生的最好年华都"献给"了青楼歌馆,成为名噪一时的民间词人。古往今来,多少有志有才之士,一旦堕入红粉世界,"任你有四海之心、摩天之志,在这里也要消魂铄骨,化作一团烂泥"(梁衡《读柳永》)。但是,柳永没有被"化掉","他的才华在这里派上了用场,化成语言,脱颖而出"(同上)。在红尘里,柳永没有辜负上天给他的才华与使命,"心"没有死,"志"依旧在。人无论处在什么环境,"只要其心不死,才得其用,就能名垂后世,就不算虚度生命"(同上)。

　　辛弃疾,"词人本色是武人,武人本色是政人"(《梁衡《把栏杆拍遍》》),一生渴望为国出力、为民除害,建功立业,实现自己的伟大梦想。但"他作为南宋臣民共生活了四十年,倒有近二十年的时间被闲置一旁,而在断断续续被使用的二十年间又有三十七次频繁调动。但是每当他得到一次效力的机会,就特别认真,特别执著地去工作"(同上)。他的人生常态便是,"稍有政绩,便招谤而被弃;国有危难,便又被招而任用"(同上)。但就是这样,他也没有放弃,没有沉沦,没有心死,而是始终保持着发光发热、为国效力的"初心"。我们今天讲"不忘初心,牢记使命",那时候的辛弃疾就做到了。

文如其人。应该说梁衡先生笔下的人物多少都有他自己的"影子",或者说是梁衡生命的"投射"。梁衡自己的所感所悟、所思所想、所爱所憎都熔铸在笔下人物的喜怒哀乐及多舛命运中。也可以说,梁衡笔下的人物,是"属于"梁衡的。他们不论在什么环境下,尤其是在人生的逆境中,不放弃,不自弃,"不死心",不把上天给予的生命、智慧、才华白白浪费掉,而且总是让它发光发热,哪怕只有一线生机。他们努力实践,用一己之力为社会创造价值,服务民众,永葆一颗赤子之心。他们心中有理想,肩上有担当,胸怀大爱、大善,总是为人生的一种特殊使命而来,为使命而去。他们坚定信念,大胆探索、试验,就是"失败"了,也要为后人留下一笔宝贵的精神财富。他们光明磊落,实事求是,高瞻远瞩,不畏艰难险阻,为了一种美好的事业发展壮大,鞠躬尽瘁,死而后已。概括起来说,梁衡的人物写作,总是大开大合,大气充盈,正气浩然,因而对读者来说具有无穷的人格魅力及感染力,总能给人以崇高的精神洗礼与奋发的斗志,也总能催生读者心底向上的力量。

人如其文：知行合一的梁衡

人如其文。在编辑梁衡先生的两本散文集过程中，我与梁衡先生多有接触、交往。杜甫《春夜喜雨》中的"好雨知时节，当春乃发生。随风潜入夜，润物细无声"，若用来描绘我与梁先生从相识到交往的过程以及他对我潜移默化的人格影响，是最恰当不过了。随着时间的推移，我愈发感受到梁衡先生的人格魅力。他知行合一，是一位令人景仰的作者，也是一位可爱可敬的前辈、长者。

二十年前，我从上海的《文汇报》"笔会"版上读到他的新作《把栏杆拍遍》一文，兴奋不已。我反复吟诵着里面的金句："我常想，要是为辛弃疾造像，最贴切的题目就是'把栏杆拍遍'。他一生大都是在被抛弃的感叹与无奈中度过的。当权者不使为官，却为他准备了锤炼思想和艺术的反面环境。他被九蒸九晒，水煮油炸，千锤百炼。历史的风云，民族的仇恨，正与邪的搏击，爱与恨的纠缠，知识的积累，感情的浇铸，艺术的升华，文字的锤打，这一切都在他的胸中、他的脑海、翻腾、激荡，如地壳内岩浆的滚动鼓胀，冲击积聚。""他并不想当词人，但武途政路不通，历史歪打正着地把他逼向了词人之道。""像石缝里的一棵小树，虽然被扭曲、挤压，成不了旗杆，却也可成一条虬劲的龙头拐杖，别是一种价值。

但这前提,你必须是一棵树,而不是一苗草。"这些句子掷地有声,雄浑壮丽,气贯长虹,而且充满了无可辩驳的人生哲理,深深地触动人的灵魂。

我记得当时我给在《人民日报》工作的梁衡先生去了一封信,表达了想为他出一本书的愿望。梁先生很快回了信,谈了他的想法,不久也给我寄来了书稿。在编辑书稿时,我初生牛犊不怕虎(我当时虽已30岁出头,但做编辑这行才刚刚开始),撤下两篇梁衡先生的新作,并给书稿取了一个书名,叫"把栏杆拍遍"。之后,梁衡先生给我打了一个电话,他似乎不同意我的做法,即既不同意我撤下他的两篇新作,也不同意我所取的书名。在谈及不同意所取书名时,他给的理由是:这是一本集子,怎么能让一篇文章名做整本书的书名呢?意即一篇文章不能涵盖书中所有文章。我依稀记得在我给梁先生编集子之前,市面上已经出版了梁先生的两本书,写人物的书名叫《人杰鬼雄》,写山水游记的叫《名山大川》。但我仍坚持那样做的理由是,《把栏杆拍遍》这篇写得好,我非常喜欢(其实梁先生这之前写的其他文章也很好,我只是先入为主)。梁衡先生在交流中坚持自己的意见,但始终语态平和,不疾不徐,没有一点以势压人、以位轻人、以气逼人、以"大"小人、以"高"低人的意味,反倒是我滔滔不绝、振振有词,一副"真理"在握、咄咄逼人的架势。坐

照亮自己
——我的编辑世界

在我对面的编辑部主任（我的领导）之后跟我半开玩笑地说，像你这样跟一位"大人物"（当时梁衡先生是副总编辑）说话，我不敢。交流在我的"强势"下没有结果，但似乎结果已定。就这样，《把栏杆拍遍》正式出版，我给梁先生寄去了样书，梁先生也没再说什么。不久梁先生来上海出差，他"不计前嫌"，特地留出时间要见我。在他下榻的上海当时著名的衡山宾馆贵宾室，我第一次见到了梁先生。他和蔼可亲，没有一点"大人物"的傲慢与架子，倒是我这个"小编辑"显得有些矜持。

《把栏杆拍遍》作为一本梁衡先生的散文集出版之后，我收到一些中学师生的来信，这触发了我把《把栏杆拍遍》专门做成"中学生读本"的念头。我找来了特级教师，对文章适当进行分类并加以点评、导读，以适应学生的阅读需求，这就是后来推出的《把栏杆拍遍》的中学生版。此版颇受市场青睐，不断加印，也不断有人拿着中学生版《把栏杆拍遍》找到梁衡先生让他签名，梁先生对我说：小李，还是你做得对！梁先生的这句话，让我很感动。一名编辑采用各种手段不断扩大作者作品的影响力并收到好的效果，且受到作者的肯定，这是件多么令人欣慰的事啊！更何况表扬和肯定我的还是一位曾经对我的做法持怀疑态度的"大人物"呢！《把栏杆拍遍》中学生版从2006年问世以来，销量节节攀升。我曾做过比较，《把栏杆拍遍》中学生版要比原散文版销量多出5

倍。该版仅当当网评论帖子总数就达到数十万，迄今总销量在60万册以上，如果算盗版的话，总发行量在150万册以上。该版后来数十次加印，接连进入销售排行榜前列。据当当网统计数据显示，在年销数十万种甚至上百万种同类图书中，《把栏杆拍遍》中学生版位列2009年度语文课外读物销售总榜第5名，2010年度畅销总榜第7名，2011年度畅销总榜第11名，2012年度销售总榜第2名。从此，"把栏杆拍遍"也成了一个响当当的图书出版品牌。

2008年，我离开原来的出版社到复旦大学出版社工作，我为梁先生编了第二本散文集。这本集子同样以收录于其中的一篇文章《人人皆可为国王》的标题作为书名。这篇文章揭示了一个人生道理：不管是谁，只要他珍惜上天赋予的才华并将其充分发挥出来，做到人尽其才，为社会创造独特价值，都会为人所尊重，从而可享受如国王般的"荣耀"。这里讲的是一个人自我价值实现的问题，倡导一种宽容并包的多元价值观。该书自出版以来，已经有3个版次，19次印刷，还被江苏省教委纳入向全省青少年推荐阅读图书系列。记得该书出版不久，其中的《人人皆可为国王》一篇旋即被《作家文摘》转载，当时的同一期报纸上转载了我编的两本书，另一本是有"潜规则概念之父"之称的吴思所著的《潜规则——中国历史中的真实游戏》（修订版，迄今销量已超过70万册）。

记得梁老师看到这期报纸后,对我的编辑成就大加赞赏,让我切实产生了一种"人人皆可为国王"的人生巅峰体验,更加激励我做好编辑工作。现在回想起来,仍历历在目,心有戚戚焉。

在我的印象中,梁衡先生虽已退休多年,但他的创作一直在继续着,他一直保持着旺盛不竭的生命力,且永无止境。我想这就是梁衡先生追求并为之奋斗的伟大事业,一如瞿秋白投身的伟大革命,辛弃疾梦寐以求的沙场点兵,柳永身在红尘不死的诗心雄心,张闻天矢志不渝地为国为民贡献一己之力的赤子之心……

20世纪90年代至本世纪初,可谓梁衡先生创作的一个高峰。他不断有大文章问世,而且甫一问世旋即迎来各家报刊竞相转载,广受好评。我曾对不少朋友说,梁衡先生的文章几乎篇篇都是精品。而精品诞生的背后,是梁衡先生付出的巨大的努力、代价与牺牲。我早就知道,他每写一篇文章,都要做长时间的准备,除资料搜集之外,还要到历史现场找感觉、找体验、找灵感,而且有时为写一个人物要数次赶往"现场",不辞辛劳。读他的文字就能深切感到,这些文字不是像有的作者那样随意写出来的,而是他用自己的生命反复打磨、提纯最后得到的结晶。他的文字是经过若干级地层沉淀而来的水,是无数次发酵而得来的酒,是千万次孕育而得来的粮食。

他的文章里，格言金句迭出，哲理火花四溅，就是一个证明。除一些"大文章"外，梁衡先生还写了大量的杂文，针砭时弊，匡扶正义。总之，这许多年来，他都不曾片刻停下创作的脚步，让生命与事业枯萎，让上天赋予他的才能荒废，反而随着时间之轴推移，他的脚步更快了。

近些年，我与梁先生联络少了，几次见面或了解他的行踪，都是在不经意之间。一次在上海书展现场见到他，他为在中国人民大学出版社推出的一部新作而来，他那次在主席台上讲文章的五诀，讲怎样写好文章。去年8月，我偶然得到消息，他又要来书展现场为他出版的新书《树梢上的中国》作演讲。在偌大的书展大厅，我挤在读者人群中静静地看着台上的梁衡先生如数家珍般地放着PPT，一一展示这些年来他在全国各地发现的一棵棵"人文古树"，并传神地讲着他们背后不为人知的传奇故事。从这里我了解到梁衡先生在以往山水人文、历史人物写作之外，又开拓了一个崭新的写作领域，一如战功赫赫的将军又开辟了一个新的战场。讲演结束后，我买了一本《树梢上的中国》，悄悄地站在等着签名的长长队伍中。当我翻开扉页把书放在梁先生的面前让他签名，并欣然叫了一声"梁老师"时，梁先生抬起头看到我，惊喜万分。落笔前他开怀、爽朗地一笑：呵呵，是小李啊！人世间温暖、美好的一瞬，从此定格在我的脑海中。

照亮自己
——我的编辑世界

今年上半年某日,我又无意间在微信里发现梁老师的踪迹,他正在江西某个小县城里与读者互动。那条消息里镶嵌着一张照片,只见梁老师坐在一张露天的陈旧的木桌前,风衣也脱下搭在旁边的一张同样经年陈旧的木椅上,他正全神贯注地为乡土气十足的读者一一签名。只见队伍向远处蜿蜒,足有两三百米长。初春时节,草木欣欣向荣,惠风和畅,河边杨柳依依。好一幅生动曼妙、温馨怡人的乡村文化图景!就在前几天,我又得知,梁老师正在南方群山的沟壑中穿越,披荆斩棘,继续"找"着他的人文古树呢!

天行健,君子以自强不息。这正是梁衡先生鲜活的写照。记得有一次去北京出差,我打电话给梁衡先生说要去看他,从电话里,我感到梁先生有些许的为难情绪。在我执意表示要去看他的时候,他委婉说出了"难处"。我如约来到梁先生家里,只见他一瘸一拐上前迎接。他的腿因意外受伤,从膝盖往下缠满了白白的绷带。他坐在我对面,将受伤的那只脚直愣愣地搭在一张凳子上。言谈中他依然是那么平和可亲,没有表现出任何"苦愁"的样子。他拿给我看他近期用力撰写的一篇长文打印稿,通篇是关于文化建设的宏论,他还说要递呈给国家有关部门作文化发展规划参考。拳拳之心,不言自明。不知何故,那次我说话很多,而且越说越兴奋,全然不顾梁衡先生架起一条缠满厚厚绷带的腿的感受。梁衡先生就是这样陪了我两三个小时！现在想起这件事，我很内疚。

世界以痛吻我，要我报之以歌

木秀于林，风必摧之。据我所知，梁衡先生一路走来，道路也不平坦，也曾遭过巨大的人生挫折，从早年莫名地被人诬陷、诽谤而错失前途一片光明的擢升之路，到近些年正直敢言而惹恼某些人被取消荣誉奖项。但这些都没能阻挡他为之奋斗的事业，未能阻挡住他前进的脚步。泰戈尔说"世界以痛吻我，要我报之以歌"，梁衡先生也说"一个人不管你有多大委屈，历史绝不会陪你哭泣，而它只认你的贡献"（梁衡《读韩愈》）。不停地写作着、探索着，也不断地跨入新的领域继续创造辉煌，从而不断地为社会奉献出精品力作，以飨天下万千读者，这就是梁衡先生。而这一切的背后一定有强大的人格力量在支撑着他，推动着他，同时也感染、激励着我们。读着梁衡先生的每一篇佳作、力作，沐浴在他的人格光辉中，我们有什么理由不工作、不努力、不创造呢？！

（本文为2019年梁衡学术研讨会提交文章，收入本书时有改动）

编辑"遇刺"

我的评判标准是：一个好的学者或作者，身上多少都葆有一份"纯粹"，正如"潜规则"概念发明者吴思先生身上的"刺"。我还接触了一些好的学者（作者），他们身上都有一种独特的气质，如易中天的"义气"，梁衡的"大气"，任火的"犀利文气"，林贤治的"不党君子之气"，等等。

编辑与人打交道很频繁，因职业之故会接触到各色人等，其中有不少学者或作家。倘能遇到自己喜欢又能被对方接纳、最终成为朋友的作者，那是人生中的万幸。所以，我们要利用这种职业，享受人生的美好赐予。

一个好的作者，是朋友也是良师。通过他们，你可以打开另一个世界，领略其中异样的丰富与精彩，编辑的人生也会变得愈加丰盈与厚实。

附文　一枚刺下必有一朵玫瑰花

　　记得十几年前一个天寒地冻朔风凛冽的夜晚，我浑身打战地钻出北京的地铁口，在灯火凄迷的北京街巷穿梭。一到北京，我就给吴思打电话，说要前来拜访。"明晚请你吃北京烤鸭。"电话那头的他似乎有些激动。尽管来北京已不是第一次，但那种平和语气中透出的一份虔诚，触动了我。请我吃老北京正宗烤鸭的，吴思还是第一人。

　　伴着几分陌生又几分熟悉的城市霓虹，我走进一家老北京烤鸭店。我在店里逡巡了半天，才终于在一个不起眼的角落里，找见了吴思。他先是从座位上站起来，伸出手来迎接我；接着，脱下厚厚的棉衣，放在座椅上——正式的晚餐"仪式"由此开始。这是我跟吴思的第一次见面，尽管这之前在上海我跟他已经通过好多次电话与书信，俨然已是"熟人"和朋友。记得那时的吴思，50岁还不到，面目清癯，说话语气极其平和，思路也极其清晰，言谈优雅稳重又不失几分调侃。只见他鬓角处略见些许白发，但精神极好。他的穿着极其朴素，罩着一件灰色的棉外衣，乍看倒像是一位普通的工人。言谈中，我更加详细地了解了吴思坎坷的人生经历。上山下乡那会儿，他当过大队党支部书记，整天拿着"红宝书"做指路明灯，用《毛主席语录》的每一条指导自己的工作实践。恢复高考后，他响应当年毛主席的号召，仍然坚持扎根农村，继续奉献火红的青春。他是最后一个参加高考离开农村的。当年他的高考成绩相当优秀，远远超过了北大的录取线。但他仍然一心向着"红太阳"，投奔到有着红色背景的人大中文系。毕业后到《农民日报》当调查记者，下乡体验生活。深入底层后，他对一些问题迷惑不解：为何红头文件下发后，无人真的去执行，连领导说的和实际做的也不一致。对这些问题的深入研究和思考，奠定了日后"潜规则"概念形成的基础。再后来，他就辞职，炒股票，编杂志，出书。

谈起他的书，他说他不久前出版的一本《陈永贵》，遭受了一场官司，尽管从法律上说并无过错，但限于当时的舆论、政治环境，他还是被判败诉，也赔了好几万元钱。接下来的《潜规则》，出版不久就被禁止发行。说起这些事时，吴思语气依旧平缓，没有半句不平激愤之词。说起《潜规则》一书，我们还一起回忆了成书之初的情景。当初吴思是在朋友梁晓燕女士的帮助之下，才有了创作有关"中国历史"系列的冲动与计划，并一步步予以实现。而且他每写成一篇都先在《上海文学》上发表。当初我就是在《上海文学》上先后读到他的《身怀利器》《当贪官的理由》等名篇，然后立即找到他的，我希望他将这组文章继续写下去，以至最终出版。当时吴思对我说，等这组文章写完了构成一部书稿时，如果梁晓燕无意拿去出版，就给我（但最终还是梁晓燕拿去云南出版，出版不久就遭到封杀）。从此，我就与吴思建立起密切联系，十几年都没有中断。其间只要我去北京，必去看他，总要一起吃饭聊天，而且地点固定，总在他家附近的九龙豆花庄。

对那次见吴思，我记忆犹新。吴思当时的处境在我看来并不好。但我能感觉到，对于一位编辑给予他的理解与支持，他的内心是有些温暖的——尽管我的这份因"执着"而带来的温暖微乎其微，甚至可以忽略不计。

十年短暂一瞬，我和吴思的交情已经很深厚了，我们似乎已到了无话不谈的地步。但就在几年前发生的一件事，让当时的我很"受伤"。

《潜规则》2009年经我编辑，修订再版如期推进。但就在封面设计最后关头，吴思和我"翻了脸"。起初，我每让美编设计一个方案都要发给吴思看。最后在众多方案中，吴思挑中了一种，他说还要在此基础上进行修改。几个回合过去了，美编也被吴思提出的多次修改意见弄得有点不耐烦。再加上出版社发行那边已将出版发货日期告知了多家批发零售渠道，因此对书的进展逼得很紧。在多方夹击下，我原以为最后一稿已经得到（或接近）作者的认可，遂将最后一稿径送社长签字。签完字，我也深深舒了一口气，下班回家。正在我准备好好

照亮自己
——我的编辑世界

安心吃一顿饭，然后安安稳稳睡一觉的时候，一个"不友好"的电话，让我放下刚拿上手的饭碗。吴思似乎料到了结局，狠狠地甩下一句话：封面你若坚持那样就好，我们法庭上见！后又补充一句：我可不希望那样！他说得那样坚决，句句掷地有声。听到这些，我如雷轰顶，浑身的委屈酸楚像着了魔似的决堤而出。为编一本书辛辛苦苦鞍前马后，虽谈不上废寝忘食呕心沥血，也算兢兢业业勤勤恳恳，到头来竟要被一个交情深厚的作者"好朋友"告上法庭！那次，我足足呆呆站了好几分钟才缓过神来。估计吴思那边也消了一时"怒火"，又打来一个电话：反正明后天双休日你们也做不了事，我打算花两天的时间找人重新设计封面，下周一一上班准时交给你们新的封面，不会耽误你们的事情。他还补充道：这个设计费由我来付。既然这样，我还能说什么呢？！我只说了一句：好的，设计费不用你出，还是出版社来支付吧。

后来，吴思果然准时交来了他的新设计方案。书终于如期出版，封面装帧别出心裁，效果确实不错。据说，他那两天休息日，一直坐在一家设计公司里就没出来过。

《潜规则》修订再版不久，便迅速登上各大畅销书排行榜，吴思也再次引起公众关注。几年过去了，我和吴思的交情又深了一层。随着我们交往的深入，我愈加发现他是一个纯粹甚至有些可爱的读书人，随和，仁慈，宽厚，低调内敛，谦谦君子，坦坦荡荡，学问好，修养深，善思，执着，爱寻根究底，喜发明新概念新词语。至于那次"不和谐"，已在我的心灵深处留下温柔的烙印，它依旧是那样突兀鲜明，像是长在一棵玫瑰树上的刺，总让我想起有一朵鲜艳芬芳的玫瑰花，透过它，我总能闻见大片大片的浓郁香气，因此心灵倍加温暖。

（本文发表于《中国传媒商报》2013年11月23日，收入本书时有改动）

理想丰满，现实骨感

"遇见"易中天，虽然后来我们没有达成一笔"大买卖"，但一桩小的"交易"也让人难忘。易先生豪爽自不必说，光易先生那种做事全神贯注的"认真劲儿"，就足以令人敬佩。易先生当年声望如日中天，他与市场表现优良的民营出版公司的合作牢不可破。但对"体制内"的编辑，是否就没有一点合作的空隙与余地了呢？在做了周密的市场考察之后，我鼓足勇气给易先生打电话。

我的这份勇气来自我对工作的热情。热情是做好编辑工作的首要条件。热情来自对这个行业的爱。"爱为生生之本"，因为"爱"，才有了一切生化、变幻的契机，一切才会有好的结果。热情与"理想"分不开，做出版要有理想、情怀，甚至要有几分理想主义。出版是文化事业，不是工匠活。文化事业都带有几分理想的色彩，与现实形成对照。我很欣赏复旦大学已故著名学者陆谷孙先生的一句话：用理想主义的血肉之躯，撞击现实主义的铜墙铁壁。

与易先生联系上之后，便有了后来的易中天"语录体"著作《易家之言》的出版，对这次的合作，我至今仍感到些许遗憾。从编辑角度来看，尽管销售了2万册（离当初申报选题预设目标甚远），但它也可以说是一个"失败"的案例。

策划易中天语录的出版，是受到余秋雨语录体著作出版并为读者追捧的启示。为说服当时"如日中天"的易中天先生答应我的请求，我向他详细介绍了余秋雨此类著作的市场反应（销路极好），也大谈快节奏时代"微阅读""微出版"的时尚与趋势。不甘示弱的易先生，爽快地答应了，这让我万分惊喜。他约我见面详谈。余秋雨的语录体著作是一本比较厚实的书，每录一段精辟的语段，都会在后文加以阐释、展开，有历史，有典故，文笔又轻松，可读性强，而且每段独立成篇，俨然一篇篇微缩精妙、深含人生哲理的美文。虽是余秋雨曾经说过的"金句"，但又加以适当发挥，是一种新的创造。这样的书读者买账。

易中天先生历史普及著作不少，有的写得确实不错，受到无数读者的喜爱。尤其是评人论世的精彩语段很多，散落在不同的著作里，就像珍珠置于海滩。经易先生同意，我花了近3个月时间，阅读了易先生几乎所有的著作（至少十几种），将那些精彩语段一一从各种著作里拣挑出来（约2500段长短不一的语段），并分门别类进行编辑。这是工作的第一步。

　　我将整理、分类好的五本厚厚的打印稿呈给易先生看，并打算推进下一步工作。不料，易先生说：你下不了手（意思是多了），我来删改。后来，易先生将确定的稿子发给我，我傻眼了！经他筛选删减与"再创造"，仅剩下数十条"语录"——每条仅一两句话，短的仅十几个字。这真的是"语录"了！和我当初设定的"语段"大相径庭。这怎么能出书呢？！

　　后经过沟通明白，在易先生看来，"语录"就应该是这样的！

　　无奈，我只能找人配些插画了，否则，区区几十条这样的"语录"，怎么出书呢？

　　从易先生高度抽象、概括出的，真的是"浓缩"了人生精华的语录里，可以看出他的用心。但这些读者买账吗？！

　　或许这每一句短小精悍的"语录"里，确实藏着人生的大智慧、大体验，但能够完全领悟、感受其中"微言大义"的人，又能有多少呢？何况有的体验也只能属于易先生和他的同龄人……

附文 纯粹之苦,纯粹之趣

做编辑这一行做着做着就十几年过去了。有人说,做编辑就是为别人做嫁衣,这话没错。特别是当台前的作者及其著作大行其道,被读者一片叫好的时候;当别人踏着你编的书登上人生更高的阶梯而你依然在"原地"踏步的时候,那个躲在光影背后的编辑,那个依然在"嫁衣工厂"门外守望的编辑,相形之下是落寞的,至少他的客观存在是如此光景。

但我以为,三百六十行中的编辑这一行,它所承载的人生酸甜苦乐,并不比别的行业多一分,也不比别的行业少一分。从某种意义上说,上帝对每一种行业的从业者乃至每一个人来说,都是公允的。

编辑的苦衷、郁闷以及乐趣,来源于纯粹、本然,乃至性情所致。

最近因策划编辑易中天先生的语录体著作《易家之言》,而与易先生结下"不解之缘"。易先生名声在外,江湖地位显赫。就一直以来网络多媒体形势下的阅读与写作,我们达成共识。"微阅读"概念一经我提出,就得到他的响应。

记得第一次给他发去消息不久,他就打来电话问我的具体想法。为此,我深受鼓舞。因为,我认为,虽然易先生著作不少,但如果有一本最能反映他一贯"言辞犀利、俏皮"

鲜明个性及风格的作品问世，那将是一件多么好的"创举"！至此，整理、撰写、编辑他的语录体著作《易家之言》就被提上议事日程。看似简单的一件事，看似平常的一本书，其过程并不简单。我们之间有探讨，有商议，有摩擦，甚至有争执。但这些过后再来看，都显得极其"纯粹"，直截了当。

　　易先生做事极其认真，不但对所承诺的事极其负责，而且对待任何一个细节也不会轻易放过，总是一以贯之，一丝不苟。比如，对待版式设计、字体选择、字号大小、封面设计、工艺运用、插画风格、排版要求、开本形式、印装效果，等等，我的每一个提议他都会在认真考虑后予以答复。同意的认可的，他回复：可以。反复斟酌之后，不同意不认可的回复：不行。就拿封面设计方案来说吧。最初我让美编根据我对本书定位的要求设计了几个方案，然后再挑选其中的一种进行加工，之后，我将打印稿快递给他征求意见。结果临近午夜时分，他打来电话予以彻底否定，并说出如下几点理由：(1)此设计者简直不懂设计原理，哪有一个封面书名字体（注：本书的一句广告语也紧贴书名排列，他说的书名文字也包括这句广告语）采用三四种文字的？！他随后搬来美国某营销学之父某著作某某页所说的品牌识别原理加以佐证。(2)印章（注：设计者别出心裁将作者署名以一枚印章的形式呈现）文字排序应是从右而左，哪有从左而右的？此印章设计不伦不类,去掉。(3)我一看到那几个圆圈(注:为了突出广告语中的关键词,我让设计者在那几个关键词上涂上圆圈),就觉得刺眼……在说出几点理由后,易先生对这个封面设计得出结论:这个设计者"很愚蠢",不懂设计。

听了易先生一席话,我内心深处不但感觉到这几天的努力"白费"了,还有一丝"被骂"的委屈。虽然他是在说"设计者"愚蠢,但设计者毕竟是作为本书责任编辑的我找来的,而且设计的初稿也是经过我及我的同事的修改并认可的,他明说设计者愚蠢,暗地不就是说我愚蠢吗!再联想到聪明如易先生者(易先生相对我辈确实是一位智者)也曾多次说过的一句话:这个世界上,最不可容忍与原谅的就是"愚蠢",那个晚上我睡得不太好。

当然,我的"纯粹"也曾惹恼了易先生。关于要不要为《易家之言》加个副书名的问题,我多次跟易先生交流。我起先坚持要加上副书名"易中天妙语录",易先生斟酌后给出意见:蛇足,不加。但不知怎么地神经搭错,过了几天我又短信提出要加这个副书名。易先生大光其火,回复道:看来你是爱死了那个副书名了!你要坚持加上就加上吧,那就当我没出过这么一本书。反正我一看到那行字(指副书名),就明白狗熊是怎么死的!呵呵,你能看出易先生的恼怒已经被我的愚蠢激发到何等程度了吧?!你也能看到我在易先生眼里的"愚蠢度"已达到何等级别了吧？！

　　记得关于本书开本和定价的问题，我也同易先生认真交流过。某晚，我在报上看到一则书业消息并深受启发，于是便在午夜时分，给易先生发去一条短信，大谈我的"洞见"，并想以此影响他进而把开本和定价的事给敲定下来。我信心百倍、神气十足地发过去，没过一会儿就等来了易先生的一条回复：我刚睡着，就被你吵醒了。有什么事情明天再说不行吗？看到这条回复，我却不以为然。由于当时被一种莫名的兴奋和自信加冲动裹挟着，我又"不顾一切"地连发两条"骚扰信"过去，心里还嘀咕道：你怕吵你睡觉，为何在睡前不关掉你的手机呢！

　　那个晚上我好像睡得不错，原因就在于我的一种莫名的、纯粹的、骚扰的冲动，以及易先生被骚扰之后的那种纯粹甚至天真的懊恼。

　　（本文于2013年1月10日发表于"百道网　李又顺专栏"）

附一：编辑撰写的《易家之言》内容简介及封面广告语

　　学者易中天个性鲜明，向来以说话俏皮、幽默，言辞犀利、智慧著称。在这本语录体著作《易家之言》里，文字虽简练，体量不大，但所涉话题却涵盖了阅世、做人、道德、教育、观念、制度、历史、思想、言论、方法等十个方面，可谓言简意赅，博大精深，浓缩了作者为人处世与学术研究的精华。

在谈人生时，作者由衷地说："人生只有两种：要么走自己的路，让别人去说；要么走别人的路，而要说的就只有自己了"，"败不败在自己，胜不胜在敌人。谁犯错误谁失败，所有人都是被自己打败的"。在谈到做人时，作者感喟："人不可有傲气，但不可无傲骨。有傲气则骄，无傲骨则媚。"在谈到教育时，作者告诫做家长的不要"望子成龙"，而要"望子成人"，"成人"比"成功"重要；作者认为把老师叫作"园丁"，就是不把学生当人。"人才不是社会把他毁掉的，而是自己把自己毁掉"。在谈到"官本位"的社会痼疾时，作者一针见血："长官的牛皮哄哄，是被惯出来的"，"一个人的忍是手榴弹，十亿人的忍就是原子弹"。

在谈到读书时，作者则态度鲜明："天底下没什么'必读书'，读书如恋爱，是每个人自己的事。"

易先生认为"民主""法治""自由""权利"是建设现代公民社会的基本条件。为此，他全面清理、鞭挞与专制制度紧密相连的、惯于充当皇家夜壶的"文人"形象，指出其奴化、媚骨为现代社会所不容，"媚，可以对女人，不可对强权"。

正如《易家之言》封面语所言：易中天的犀利、俏皮、智慧、风骨，全在这些精辟洗练的文字之间。

附二：易中天语录（当初）编辑策划构想

相较名人皇皇著述的大餐，语录式著作可谓是一道小菜。小菜自有小菜的风味与别致。大餐不可随时随地吃，而小菜取拿自由，携带方便，可由心境而定，随时随地独自品味。

语录一般摘取散落在作者著述或演讲、即兴发言、微博、博客中的精彩片段与论述，是作者思考和智慧的结晶。与其说是语录，不如说是一一拾捡与收藏作者博大精神世界海洋之海岸线上散落的珍奇海贝与晶莹珍珠。可以说，它从一个侧面呈现作者思想所涉及的广度与所达到的深度。

收藏著述丰厚的作家、学者的十几部甚至几十部文存，对一部分喜爱作者的读者来说，可能不太现实。但收藏几部装帧别致精美，印刷考究，无论从内容上还是从形式上来说都品位高雅的作者的精妙言论、语录，应是他们所乐意做的事。

为一个人策划一本书

见贤思齐，是中华民族的优良传统。"高山仰止，景行行止。虽不能至，然心向往之。"司马迁在《史记》中高度赞扬孔子，对他的为人表达了无限崇敬之情。编辑在职业生涯中，也会遇到有巨大人格魅力、品行高尚的人。那么就努力为他策划一本书吧！

为那些真善美的伟大践行者，策划出版反映他们言行的著作，我认为理所当然。因为编辑所从事的文化事业，从某种意义上说，就是发现与推崇真善美的事业。而对于编辑来说，这份事业也是一个修炼自身、提升自我的机会与过程。我曾经写过一段话：一种职业就是一种人生。在照亮别人的同时，也照亮了自己，这就是编辑的人生。

从媒体报道中，我得知钟扬教授意外身亡的消息。钟扬教授的身世与经历，引起我极大的兴趣。直觉告诉我，这是一个极不平凡的人物，是一个带着巨大的生命热情工作、生活的人，也是我们这个社会少有的"大写的人"。他的追求，他的胸襟，他的人生观、价值观，激起我的强烈共鸣。我远不能与钟扬教授相提并论，"虽不能至，然心向往之"。他的心中装有"大我"，他全力为自己的人生理想奋力拼搏，有时连"小我"都不顾了。他一腔热血，无私奉献，以至于使他成为任何一个与他交往的人的"贵人"。激动、感动之余，我决定要为他做点什么，于是便有了后来出版的《那朵盛开的藏波罗花——钟扬小传》。此书出版后，各大媒体竞相报道，央视《故事里的中国》栏目主持人撒贝宁手捧此书，向电视观众隆重推荐阅读。

附文　时代的精神镜像

钟扬的离去，引起社会广泛关注。在西藏坚守16年，采集种子4000多万颗，短短的一生有那么多的成就，我被他的事迹深深感染乃至震撼。尤其他身上所具有的某些精神特质，如梦想高远、胸怀坦荡、淡泊名利、无私奉献、家国情怀等，已离当今社会的"我们"很遥远，甚至已经为"我们"所丢弃。钟扬的"横空出世"，像是一颗升空的炸弹，瞬间让整个天空通红发亮，以至"我们"发出异常的惊呼。"我们"也像是找回了遗失很久的宝物那般躁动与兴奋。

钟扬的"存在"确乎如同一面镜子,照出了"我们"的"苟且""粗鄙"与"庸俗"。正因为"小我"的普遍存在已经成为"主流"与"时尚",所以,懂得他的人才带着几许隐约的心灵期盼与敬畏如此评价道:"他是我们这个时代稀缺的那种人!"

"稀缺的"才是珍贵的。在钟扬去世后,社会各界人士纷纷自发地举行悼念活动。光是院士级的科学家,为他"站台"的就有四五位,他们或纷纷发表长篇纪念文章或演讲报告,回忆他的曾经与过往,或是身陷悲伤、痛定思痛,撰写挽联缅怀他的卓越与不凡。昔日的领导、同事、同行、友人、学生、亲属等几乎与他交往过的所有人士,通过各种方式一倾对他的浓浓不舍之情。国内几乎所有的重要媒体对他的事迹都做过报道,而且一波接着一波,一浪高过一浪。

从我第一时间被他的事迹感染、震撼的那一刻起,我就有了策划一本"关于钟扬的书"的冲动。因为出这样的一本书,可以让"我们"从他身上汲取巨大的人生"能量",可以让汲汲于个人名利的时代之流有所改变,可以让陷于"小我"沼泽并为之所困的"我们",抬一抬头看看辽远的"天空",望一望云海之中蓝色的"月亮",放眼更具诱惑力的"诗与远方"。总之,重温"大我"之于人生的无穷魅力,是策划这本书的内在动因。在与社领导及相关同事商量后,我们便开始了这个计划。

我们发现,钟扬有别于一般"时代之子"的地方在于,他身上的"闪光点"很多,或者说,他在很多领域有显著作为与建树。而这些,已大多被媒体所披露,若是仅仅着眼于事迹的陈述已无太多出版价值。若是以文学的手法,深入挖掘人物内心世界,探寻人物生命进程的内在逻辑与心灵轨迹,那将是一件很有意义的事,这也可能会让更多的普通读者喜爱。因此,物色一位合适的作者很重要。

首先,这样的作者对钟扬要有敬仰之情,要对他的人生追求及价值观有强烈的共鸣。这也是作者写作的精神动力之源。其次,作者要有开阔的眼界及深切的人文关怀与科学素养,只有这样,才能与写作对象在"品格"上对等,最终才可能出精品。第三,作者要有丰富的写作经验。据此,我们找到了复旦大学中文系的作家梁永安教授,从他的背景看,基本满足了我们的想象。

书名取《那朵盛开的藏波罗花——钟扬小传》是为了突出作者的精神特质。钟扬最喜欢的一首藏族民歌唱道:"世上多少玲珑的花儿,出没于雕梁画栋;唯有那孤傲的藏波罗花,在高山砾石间绽放。"是的,钟扬就是那朵永远盛开在高山砾石间的藏波罗花,深深扎根,顽强绽放。

"一个基因可以拯救一个国家,一粒种子可以造福万千苍生。"钟扬把一生都献给了科学事业,他是学生眼中的良师益友,他是同事心目中的"追梦者",他的人生达到了令人仰望的生命高度。"不是杰出者善梦,而是善梦者才杰出",钟扬以他自己对梦想的执着追求,为我们留下了极其珍贵的精神财富。本书为复旦大学著名学者、作家梁永安亲笔撰写的钟扬人生小传。作者参阅大量材料,并亲身考察,从16个侧面,为我们勾勒了一幅钟扬的人生画卷,清晰、丰富、厚重、鲜活,钟扬的音容笑貌与博大情怀跃然纸上……

(本文应《中华读书报》第28届书博会"名编荐书"专刊之邀而作,发表于2018年7月18日)

为一本书打磨

一本书的命运就像一个人的命运,有许多不确定性。而编辑要做的,就是最大化彰显一本书的价值,以便让它拥有更多的读者。并不是所有的努力都会成功,但成功一定离不开努力。所谓尽人事、听天命,做出版也是这样。

最近一个偶然的机会,我就"遇"到一本书稿,这本书稿的作者是一位计算机教授,很久以前他许下诺言,要在自己的孩子成人之前,为孩子写一本"历史书"。这本书稿就是为实现他的诺言而作。因为住在一个叫"彭浦"的地方,所以他为此书稿定名《彭越浦畔闲聊中国历史》。作者写成书稿之后打印装订成册,赠送友人同好。看到这个书稿后,我的第一反应是:简洁。语言流畅,叙事简明扼要,这倒是工科生的风格,也是这本历史普及读物的特点。作者在介绍每一朝代时,抓住主干(主要历史人物、主要历史事件),脉络分明,给读者尤其是小读者清晰的印象。我想到一个词:

大道至简。看似简单,作者的历史功底与历史见识并不"简单"。在与作者交流后,我得知,作者虽然是工科出身,但从小热爱文史,博览群书。又受吴越钱氏家族家风影响,勤奋上进。吴越钱氏家族可是出了不少文化名人,如国学大师钱穆、钱锺书等。有了这些认识与了解作铺垫,我决心好好打磨这本书稿。经过再三斟酌,我先是把书名改为《计算机教授给孩子讲历史》,读者定位为孩子,然后进一步提炼出这本书的特点。这本书的特点就在于它讲历史的"方法"。方法是什么呢?就是:工科思维→计算机思维→数字思维。然后综合这本书稿的文本信息,再进行归纳、提炼这本书的阅读价值,于是便有了该书的"编者的话"。在编者的话里,我还特地创意性地画了一个圆,这是我为该书所做的最大的"努力"。除此之外,我还促成了两位"大咖"级人物各写一段话,隆重推荐此书。

附文一 《计算机教授给孩子讲历史》一书"编者的话"

孩子成长所要的，这本历史书都有了

教孩子立身处世

本书的写作初衷，是一位父亲发愿要为自己成长中的孩子写一本历史书。作者虽工科出身，但学养积累深厚，自幼酷爱文史，博览群书。加上作者跟钱穆、钱锺书等国学大师同属吴越钱氏家族，自幼受良好的族风熏陶与激励，在成才与成长的大道上高歌猛进，以至成为教授中"文理兼通"的佼佼者。作者穿行在历史的密林中寻珍探宝，借说历史，循循善诱孩子立身处世之法，学习如何在纷繁复杂的社会中做好事做好人，如何从历史人物的经验与教训中汲取成长的养分，砥砺前行。

运用数字化思维，教孩子量化概念

作者是一位年富力强的计算机专业教授，他写作此书，是想以身作则，教孩子如何运用数字化思维建构认知体系，以应对信息化时代到来的挑战。他逐一量化概念，提纲挈领，

说历史抓住主干、关键，帮助孩子创建自己的知识体系，建构自己的认知框架。本书就是作者运用数字化思维创作的产物。

比如，给计算机输入"远古、温情、敬意、黄帝"之后，计算机用训练好的自然语言处理模型就会生成一首诗："万里风云奋壮猷，一时人物绍前修。功高独步超千古，四海升平志业优。"

本书作者根据量化的32个词，搭建起中国历史的框架，主干突出，脉络清晰。

提供丰富、充足的语料库

相比一般的历史类图书，本书篇幅确是精悍短小，但本书信息量极大，满满的都是"干货"。书中数以百计的历史人物、历史典故在具体的历史情境中一一展开，娓娓道来，为小读者提供了可读性极强的阅读与作文素材。

精品书目推荐，助推孩子成长

结合具体叙述语境与历史情境，作者在书中适时提供恰当的阅读指导书目（篇章）近百部（篇），针对性强，关联度高，逻辑循序渐进，又一目了然，便于孩子就某一历史问题加以深入探究，拓宽视野。

本书是一本集知识、方法、阅读、写作、探究于一体的历史读物，希望孩子们读得开心。

附文二 厨师与编辑

一条鱼，如果肉质鲜嫩、味道鲜美，稍作烹饪就成一道好菜、名菜，享誉天下。但是，天下厨师不可能每人都有这样的机会，也不可能一个厨师总有这样的机会。绝大多数情况下，厨师面对的还是"一般化"（指市场面而言）的鱼。但正因为这样，好的厨师才会脱颖而出。火候怎么掌握，调料怎么搭配，下锅的程序怎么安排，甚至刀功如何，都十分地有讲究。好的厨师一定会动用他的绝活与经验，一条"一般"资质的鱼，在他的手下也照样会活色生香、五味俱全，从而引来更多的顾客。从这种意义上说，这名厨师"最大化"地彰显或实现了作为一道菜的鱼的价值。同样，作为一个好的编辑，当他面对"一般化"（仅从市场的角度考量）作品的时候，也会把书做得风生水起，以"最大化"（市场的最大化，拥有的读者数量尽量多）彰显作品的价值，而编辑的价值也会从中得到充分的体现。

要让作者的作品"最大化"彰显，作为一名编辑，摸准作品的特质与"气息"很重要，这是编辑下一步工作的前提和基础。接下来就要在编辑加工的过程中调动一切力量，力求在各个环节"最大化"彰显作品。这就要求编辑研判市场，研判读者，尤其是研判分层读者的不同趣味与阅读口味。只有功夫做足了，才能在面对一本书稿时，真正做到心中有数，也才会知道风往哪一个方向吹。剩下的工作，如撰写内容简介、书评，市场营销的重点和策略，发行的重点布局以及装帧设计的风格、品味，广告语的提炼，等等，都会迎刃而解。可以说，一部书稿编成了，编辑的生命也就经历了一次破茧成蝶的过程，其收获是极其丰富的。而且付出越多，问题解决得越是彻底、越富有成效，越得到市场的认可，亦即最终使作者的作品实现了"最大化"效应，作为编辑个体的价值，也就越能得到"最大化"的体现。

王开林是一个传统"文人"作家，早年北大中文系毕业，笔耕不辍，著述颇丰。在策划出版他的"王开林晚清民国人物系列"小丛书之前，他已陆续出版作品十几部，涵盖散文随笔、小说、传统文化经典解读、文化名人小传等题材，涉猎广泛。我与作者相识多年，对他及其作品的"气息"早有所悟。大抵是文人视角，遣词造句精致、上乘；字里行间也透着视天下为己任的传统士大夫胸襟。坦率地说，"文人气息"一旦浓了，读者面就相对窄了。我在想，他的书稿我来编，

照亮自己
——我的编辑世界

如何编出不同的效果来呢？我以作者已经出版的十几部作品为铺垫，决定取其内核舍弃其他，精编他的历史人物专辑。这就像打集束炮弹一样，火力集中，既能凸显作者创作的重心和亮点，提升一个作家的美誉度，也能让市场及读者耳目一新。丛书名原来作者自定为"王开林圆桌骑士系列"（作者认为所写人物都是历史上的"奇人奇士"），后我斟酌改为"王开林晚清民国人物系列"（更容易进入当下读者的视野），序言标题、目录标题等也斟酌修改，尽量贴近更多读者。让我最感欣慰的是，我将作者所写的一共近三十位历史文化名人（有对过去所写的修订，也有新写的）分门别类，以具有晚清民国时期"特质"的一些代称词（可能会引起读者的兴趣），来为每本书命名（这种命名或接近每本书主题，或与

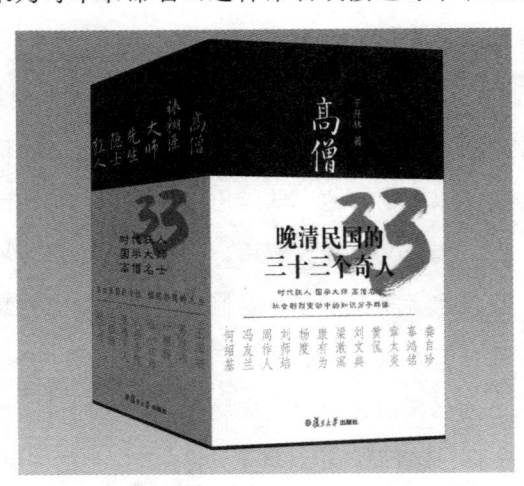

主题相关），如"狂人""隐士""高僧""大师""先生""裱糊匠"等。采用精装小开本，既与内容的精致、上乘相匹配，又可满足当下读者对图书形式的高品质要求。在编辑过程中我多次与作者积极沟通，从而获得了作者的积极配合和支持，也最终赢得了作者的认可。这样"王开林晚清民国人物系列"中的《狂人》《隐士》《高僧》《大师》《先生》《裱糊匠》六卷本就编成了，由原来作者所定的厚厚的、内容驳杂的三大部书稿构想，最后变成了只是以人物为主题的六小本精装，主要读者除了人文知识分子以外，还可能有其他高端读者。

为"新人"出版第一本书

做编辑要始终保持一颗敏感的心,感知社会的"温度"。我为很多"年轻人"出过他们人生中的第一本书,都是这种"感知温度"的结果。20世纪90年代中后期掀起的"新概念作文"写作浪潮下,我为初出茅庐的郭敬明、张怡微出过书;反思年代,我为"青年学者"鲍鹏山出过书;语文教学弊端彰显的时代,我帮一个笔名叫叶开的作家出过书;当春节返乡学子的乡愁漫溢之时,我及时为一个来自贫困大别山地区、名叫王磊光的青年博士生出过书……当然,那时的"年轻人"现在大都成了中坚力量,已经功成名就。

我为很多作者出过他人生中的第一本书,并因此改变了他们的命运。80后作家郭敬明的第一本书《爱与痛的边缘》是我出的,发行量达数百万册;他的第二本散文集《左手倒影右手年华》也是我策划编辑的,发行量也达数百万册之多。学者鲍鹏山的第一部作品《寂寞圣哲》也是我策划出版的,记得当时他远在青海教育学院当一名普通的老师,后因为有"著作"加分项,被上海作为"人才"引进。我一直以为这部著作文笔优美,思想锐利,锋芒毕现,为他日后的影响打下坚实的基础。写小说、在文学刊物《收获》当编辑的作家叶开,在几年前曾红极一时。他的"当红"非因"文学"而是因为"语文教育"。《中国青年报》《中国教育报》等全国各大媒体对其访谈报道,他出现的身份都是"语文阅读教育专家"。而这一切都得益于我给他策划出版的他的第一本谈"语文阅读、教育"的书——《对抗语文——让孩子读到世界上最好的文字》。这本书出版后,短短几年就发行10万册,犹如给有些沉闷的语文教育界扔下一颗炸弹,影响迅速扩大。之后,他又出了一本《语文是什么?》,从此一发而不可收,俨然成为长期受诟病的语文教育突围的一叶方舟。书同是80后的作家张怡微,当年她作为上海西南位育中学的一名普通高三学生,自信地拿着我给她出版的她人生中的第一本书《怅然年华》,参加复旦大学自主推荐招生,后被幸运录取,如今的她已成为复旦大学中文系的一位小有名气的创意写作年轻学者,她还曾十分有幸地成为著名作家王安忆在复旦大学带的研究生。

编辑为谁出书,纯属机缘巧合。在某个时空交汇点"遇"上了,且让作为编辑的我"感动",我便决意要为他出一本书,不管这个人他是谁，年龄多大，什么身份，来自何处。

《呼喊在风中——一个博士生的返乡笔记》是青年学子王磊光人生的第一本书，当年是因为他的"乡愁"写作引爆万千学子的乡愁，也引起我的兴趣。记得找到他颇费了一番周折。如今，作者的学术人生愈加精彩。

现在想来，为作者出版第一本书，就是为他们的未来出书，为他们也为这个世界开辟了一条更加美好的人生之路。每想到此，我觉得编辑的价值又多了一层。

附文　城市化运动中的乡村命运

2015年春节前后，一篇《近年情更怯——一个博士生的返乡笔记》的演讲稿在网上迅速蹿红，微信阅读、转发量惊人，随之上海大学博士生王磊光及其处于大别山一隅的家乡成为舆论关注的焦点。2016年春节前后，澎湃新闻、《人民日报》等媒体就"返乡笔记"引起轰动一年后博士生及家乡的变动情况，进行了深度报道，即刻又引发强烈反响。可以说，"一个博士生的返乡笔记"跨时两年，搅动了无数返乡学子的不尽"乡愁"。

近几年，每次返乡过年，都有"文化人"（学者、作家等）

记述与描写生于斯长于斯的家乡面貌，尤其是中国城市化运动中的家乡变化，多成为他们记录、描摹的重点。在这众多的作品中，为何独有博士生王磊光的这篇演讲稿流行起来？这不能不引起编者的注意。

在《近年情更怯》这篇演讲稿中，作者从不同侧面呈现了"他眼中"的家乡境况与人情冷暖，内容涉及村民的住房、外出打工的父母与子女之间的感情、回家的交通状况、留守老人与子女之间的情感联系、乡村葬礼、春节带来的"力量"以及知识在乡村所表现出的"无力感"等很多方面，行文间洋溢着作者热爱家乡一草一木的浓郁而真挚的情感。而正因为如此，也激发了很多读者一直隐藏在内心深处的对自己家乡的那种纯真朴素的爱。《呼喊在风中——一个博士生的返乡笔记》延续了作者的这种写作风格，字里行间那种悲天悯人的情怀呼之欲出。《我们将无路可走》《表哥的亲事》《活着活着就走了》等篇可谓振聋发聩，直击我们内心最柔软的地方。爱之深，痛之切，在作者的笔下，城市化运动大背景下乡村暴露出的诸多问题，也就更容易引发读者的共鸣与思考。

如上所述，作者在这本书里记述与反映家乡的内容很多，牵涉的面也较广泛。有记述亲人及乡村不同职业者不幸之命运的，有反映家乡经济发展及乡村创业者所遇到的困惑与难题的，有反映整个乡村颓败及乡村人们精神取向与心理结构的，有依据实际调查从历史、文化层面探讨乡村治理结构及未来发展趋势的，等等。这些内容乍看起来庞杂、无序，没有什么逻辑关联，但从庞杂、琐碎中我们依稀可以看出作者的努力。一个叫雷蒙·威廉斯的西方文化学者给"文化"下过一个定义："文化是整体的生活方式。"作者王磊光作为一名文化学专业的博士研究生，正是依据这样的视角，试图通过自己的点滴记录和事无巨细的采撷、描摹与勾勒，全方位地呈现他所处的或他眼中的家乡整体的"存在方式"，而这些也都构成他的家乡人们"生活方式"的全貌，从而为当下中国社会文化发展刮开一个"切面"，为探究者及后来的研究者提供一个活生生的时代文化样本。正因为作者秉持这一"文化"视角，从而将他的这种努力及其成果（这本书）与其他题材相同的"作品"区分开来。

　　有意思的是，作者的文化学博士生导师王晓明教授，是一位密切关注现实、颇接地气的著名学者。在20世纪末中国市场经济如火如荼、人的精神价值迷失的年代，他和其他几位人文学者发起的"人文精神大讨论"可谓切中时弊，在中华大地引起巨大反响。十年前，他只身从繁华的大都市潜入本书作者的家乡（L县）进行实地调查，后来写成万字长文《L县见闻》予以发表，对早期中国城市化运动中的乡村变革及命运给予强烈关注。如今，他的观察与研究后继有人，而且直接来自他曾经作为标本考察并研究过的大别山深处的 L 县。《呼喊在风中——一个博士生的返乡笔记》在附录中收录了作者导师王晓明教授的《L 县见闻》，真可谓：两代学人，相隔十年，聚焦一处，耐人寻味！

作者在本书序言中引用阿富汗贫民营中一个士兵对伟大的女作家多丽丝·莱辛所说的一句话："我们大声呼喊向你寻求帮助，但风把我们的话吹走了。"本书书名受此启发，但我们不希望作者的努力变成这样的风。

（本文应《中华读书报》第 26 届书博会"名编荐书"专刊之邀而作，发表于 2016 年 7 月 27 日）

元宇宙引领阅读与出版的未来

　　互联网技术的发展，改变着人们的生存状态，也改变着传统阅读与出版的现在与未来。一二十年前的传统出版还一统天下，如今互联网数字出版逐渐占据半壁江山，深刻地改变着原来出版的格局与生态。先是一波公众号的阅读、出版浪潮，后是短视频、抖音的崛起，吸引了众多读者与受众的眼球。一批集公众号、抖音、直播等于一体的新媒体公司，也应运而生，展现出极大的活力。比如重庆一家叫若隐传媒科技的公司，三四个人，运营着公众号、视频号、抖音，并在小红书、快手、知乎和B站上有属于他们自己的发布园地，效果十分明显。他们不仅营销自己写的书，还分销适合他们风格的别家出版机构的图书产品，仅分销产品的单一品种就达到5000册以上，有的达到数万册。

　　传统出版机构的市场，在被这样一些新媒体出版公司不断蚕食，领地不断缩小。所以，如何突围，一直成为摆在传统出版机构及分销渠道面前的一道难题。探索与创新业务发展模式，是传统出版业务发展的唯一路径。

2021年可谓是"元宇宙"诞生元年。元宇宙是互联网技术发展的新阶段，也是各种互联网技术运用与发展的集成阶段。它是一个虚实相生、交互的庞大的"生态系统"。它为人们打开了一个巨大的想象空间，将全方位改变人类的生产方式与生活方式，也将颠覆人类原有的阅读与出版生态。当然，它还处于起始发展阶段，距离它的成形与成熟还有相当长的路要走。我们不妨从关注开始。

互联网技术的发展带来视域的大开大合，让我们看到了生活及出版的无限可能性，但我们也要在变动不居的环境里把握其恒定不变的一面，只有这样，我们才能更加有定力，以积极的心态应对各种变化。

附文 元宇宙环境下大众出版的"变"与"不变"

2021年被誉为"元宇宙"元年，"元宇宙"也成为本年度最热的词之一。所谓"元宇宙"就是一个平行于现实世界运行的人造空间，是互联网发展的下一个阶段，由AR、VR、3D等技术支持的虚拟现实的网络世界。[①] AR是一种增强现实技术，可增强在现实世界的观察力，它的特征是：信息集成、实时交互、三维呈现。VR是虚拟现实技术，它也有三个特征，即：沉浸、交互、想象。3D画面立体逼真，让人有身临其境之感。这个虚拟的元宇宙网络世界，与现实世界映射与交互，共同构成一个你中有我、我中有你的虚实相融、去中心化的生态系统。

吸引了超过500万青少年参与的游戏创作平台Roblox，概括出元宇宙所包含的八大要素，它们是：身份、朋友、沉浸感、低延迟、多元化、随时随地、经济系统和文明。[②]在这个元宇宙世界里，人人都是平等的，人人可以以不同的身份随时随地参与其中的一切创造性活动，包括经济活动，所有人的所有行为都必须符合文明的准则。能吸引这么庞大的青少年群体参与其中，一个最重要的原因是，虚拟真实的世界能多方面满足广大青少年在现实的世界里无法得到满足的心理与精神需求。

这样一个由技术引领与塑造的世界正在逐步到来，并大有向更广阔和更深远方向发展的趋势。"元宇宙"将给社会各个领域带来革命性、颠覆性的变化，这种变化主要表现在：从技术创新和协作方式上，进一步提高社会生产效率；催生出一系列新技术、新业态、新模式，促进传统产业变革；推动文创产业跨界衍生，极大刺激信息消费；重构工作方式，大量工作和生活将在虚拟世界发生；等等。③因此，元宇宙必将引起越来越多人的关注。

本文试图从几个层面，对"元宇宙"在大众出版领域可能带来的变化做点探索。

元宇宙为提升大众阅读素养提供契机

大众出版（包括纸质出版和互联网出版）是面向更多读者、更广泛受众的出版，人口基数大，人口受教育水平一般在中等文化程度以上。大众出版主要参与主体包括作者（内容创作者）、编辑（出版人）、读者（受众），其中编辑是前后二者联结的纽带，它们共同构成大众出版市场。随着互联网技术的发展，大众阅读市场不断发生分化，传统纸质出版的疆域不断被电子出版、音频、视频等蚕食，很多原来由纸质出版物所承载的信息传播、资料汇编、泛娱乐化消遣等功能，也逐渐被互联网出版所取代。从近段时间观察来看，大众出版市场纸质读物的数量和品种虽然正在逐步减少，但精品化、经典化出版已露出端倪，渐成气候。在网络上，阅读的碎片化、随机性、消遣性、浅阅读（包括听音频、看视频）征象明显，但随着人们物质生活水平的不断提高及受教育水平、认识水平的不断提升，人们对丰富自己精神世界、升华自己精神境界与品位的内在要求也愈来愈强烈，那种开阔自己的视野、增强自己认识世界能力的系统性、经典性、严肃性、品质化"阅读",也将会为越来越多的读者(受众)所认可并使之付诸行动。

基于文明规则建立的元宇宙世界,交互性、场景化、沉浸式体验,将成为适应大众阅读品位提高内在需求及引领大众"阅读"素养提升的一个重要契机。当然,这里的"大众阅读"概念是宽泛的,既可以是传统意义上的纸质书阅读,也可以是通过音频、视频等互联网技术而获得的认知。2021年春节河南卫视的一个舞蹈节目《唐宫夜宴》一夜之间蹿红大江南北,收获粉丝无数。舞女们所穿的鲜艳而耀眼的唐三彩服饰与曼妙灵动的舞姿,仿佛一下子将观众带回到千年前的那个大唐盛世。就传播效果及受欢迎程度而言,电视视频版的舞蹈《唐宫夜宴》,还只是"平面"呈现,是初级阶段,而元宇宙版的《唐宫夜宴》则是叠加了虚实相融、"逼真效果"倍增等多种高科技手段的高级阶段,是"多元化"呈现。现实中有需求但不能给予满足与实现的,在元宇宙中都可以得到满足与实现,因此,在某种程度上,元宇宙无所不能,它带给人的是一种超级的满足感与前所未有的心理与精神体验。设想一下,大唐夜宴在宫女们徐徐而行的舞步中拉开帷幕,一场觥筹交错、贵宾如云的盛大宴会即将开启,皇宫金碧辉煌,宫女们接踵而至,人潮汹涌,灯光璀璨。前来参会的非富即贵。参会者有风流倜傥的唐明皇,有倾国倾城的杨贵妃,有心怀鬼胎、安史之乱罪魁祸首安禄山,有诗仙李白、诗圣杜甫、诗佛王维、边塞诗人王昌龄、诗豪刘禹锡……倘若将这样的剧情场景化放在虚拟逼真的"元宇宙"世界加以呈现,通过VR、AI技术虚拟以增强逼真效果,则会更让受众沉浸其中,遐想无限。沉浸式体验让人专注,在人们面前打开一扇窗,激活了人的求知欲望。

元宇宙为编辑工作创造无限可能

编辑是一种以生产精神文化产品为目的,策划、组织、审读、选择和加工作品的专业性精神生产工作,是传播媒介工作的中心环节。[④]由此可见,编辑既是指一种职业、专业行为,也是一种职业身份。既然处于传播媒介的"中心环节",编辑的地位与作用至关重要。作为职业身份,编辑就像一个乐队的总指挥,要在策划、组稿、审稿、选择、加工、营销宣传等环节扮演好自己指挥、组织、协调的角色,让各个环节有机衔接,井然有序,共同演奏一曲激越高亢的乐章。身处"元宇宙"环境,编辑更要充分发挥作为一个专业工作者的主观能动性,履行好自己多重的、更加复杂的神圣职责。既要熟谙与掌握大众读者的阅读趣味、阅读价值取向及阅读心理,又要站在现代"文明"的高度积极加以引导。这样的使命担当，决定着编辑策划什么精神产品、选择什么精神食粮提供给广大读者。更重要的是，编辑还要拥抱技术革命的新成果，熟悉元宇宙技术层面的实际操作，使策划、选择、加工的文化产品更具场景化、沉浸式特征，让受众获得更佳的心理与精神体验，从而满足受众更多、更高、更好的需要。

元宇宙是一个文明的体系，它是现实文明世界在网络空间的虚拟化呈现，它与现实世界相映射、交互。现实世界为虚拟的网络世界提供蓝本、模版，元宇宙的网络世界则是虚实相融、更加"完美""逼真"，更加符合人类期许。人们沉浸在虚拟的元宇宙世界里，可以大大增强对原有的现实世界的感受力与观察力。无论是现实世界还是元宇宙（虚拟）世界，它们都是人类创造的世界，任何活动都应遵循人类文明的规则与准则。所以，编辑的任一策划、组织、选择等职业活动，都应以促进人类文明发展为旨归。元宇宙的开放性、多元化，为编辑策划创意，提供了丰富的海量资源，编辑随时随地都可以获取，也可随时随地以此开展工作。这一点与以往有所不同。充满想象、近乎完美的元宇宙虚拟世界，是激发编辑灵感的主战场。

在元宇宙中，我们可以通过一个沉浸式的故事演绎遇到一个优秀作者或一部优秀的作品，这样的故事让我们沉浸其中，回味无穷，我们的世界因此变得更加丰富而深刻。深刻而持久的体验激发编辑的想象力与创造力，从而使我们感到生活的无穷乐趣与美好，感到职业的前景风光无限。我们也可以通过场景化、沉浸式为自己量身定做一个元宇宙中的"编辑的故事"，这个故事虚实相间，技术的手段让它满足一切人的想象。我们可从完美的"我的"故事里反观现实中的自己，看现实中真实的自己与虚实相融中的元宇宙中的"完美"的自己究竟有几多差距，有了差距，就有了前进的动力与奋斗的目标。这个故事，也让更多的作者或读者遇见作为职业编辑的自己，让更多的内容创作者与读者成为"我的"朋友，这为编辑的职业发展创造了极为有利的人际环境。

我们可以把一个将信将疑、不够完善、不够周密的计划在元宇宙的世界发布，可从业内、业外的诸多高手或读者那里得到即时、有效的反馈，以便纠正可能的偏差，完善自己的计划，提高自己的工作成效。我们可以把自己考虑成熟并有信心的创意、策划方案投入"元宇宙"的汪洋大海，以吸引更多合适的作者、营销团队参与，共同打造一个超级的文化产品。这个极有创意的计划可能会迅速吸引全球科幻爱好者加盟，一个开放自由多元、接力赛式的宏大创作阵容就此拉开序幕。

我们可以组建自己的海量作者队伍，并分门别类加以归档，以便在我们需要时立即团建，以达成新的目标。在编辑按照自己趣味、价值观策划并做出对一切文化产品选择的同时，别人也为我们的选择而选择我们。共同的志趣、理想和价值观乃至人生观，把我们聚集在一起、团结在一起，甚至不分性别、年龄、民族、种族、国别——编辑和编辑、编辑和作者、编辑和读者、作者和作者、读者和读者、编辑和跨界的精英……这为我们作为编辑在元宇宙中施展拳脚创造了更多的想象空间。我们可以拥有若干跨界朋友，恣意打通各个"行业"壁垒，任意穿行在各个领域，进行不断融合、融通、叠加、赋能，形成你中有我、我中有你的更大范围的"命运共同体"。所有这些与原来意义上的编辑相比，概念的外延和内涵都发生了裂变……

在元宇宙里，我们可以为一本自己编写的书或策划出版的书设计一个微短剧，沉浸式、场景化，以期吸引更多的读者与受众关注。或许不久一个电影导演从海外来敲门希望把它改编成3D电影，一个有声书编辑通过网络递来一份合作协议书，甚至一个做名酒的老板发来一个闪屏提出一个大胆的计划，要开发一款与编辑产品同名、专为本产品受众特别定制的花酒。

元宇宙的沉浸式阅读体验，给我们很多启示。我们策划"出版"任何一个有活力、吸引力的文化产品，都应考虑场景设置与唯美构想。因为元宇宙世界就是一个激发人们超级想象的世界。在这里，一个场景化、沉浸式体验产品可能会激活我们的创意，从而为下一个元宇宙文化产品的诞生埋下伏笔。我们也可以通过一个场景设计、沉浸式体验，让受众关注、喜爱上某款或多款互联网产品。面对元宇宙世界，场景化、沉浸式体验是我们选择文化产品或衡量文化创意优劣的决定性因素。所有这些，也是传统意义上的编辑面对的新课题。

元宇宙的随时随地性，为读者（受众）提供了获取知识的便捷性，这就需要我们在策划出版文化产品时，注重产品的系统性和逻辑性，因为只有系统性的知识体系及清晰的逻辑关联，对一个有追求的读者来说才更有价值。也只有这样，才能在多元化的元宇宙中更具竞争力。因为元宇宙是互联网发展的新阶段，或者说是互联网发展的高级阶段，它与现实世界相映射，交互，更大程度和更大范围上具有现实世界的真实图景。正如腾讯的创始人马化腾所言要打造"全真互联网"[5]。现实世界是系统的、有逻辑的。那种随机性、无系统、浅阅读、无体验（或体验不深）的文化产品提供，只是互联网发展的初级阶段所呈现的特点与面貌。构建知识与产品的系统性、逻辑性，也是元宇宙环境下编辑所要考量的一个重要方面。

元宇宙中的"经济体系"，也是现实世界经济社会的映射。元宇宙经济是实体经济和虚拟经济深度融合的新型数字经济形态，具有始终在线、完整运行、高频发生等特征。[6]面对元宇宙经济社会体系，一切经济活动可随时发生，它打破了实体经济活动受时空限制的壁垒。我们只要身份确切，都可随时随地参与经济活动，经济活动的效率也因此大大提升。我们参与打造的元宇宙中文化产品的经济效益与社会效益也会随时随地地显现出来，为编辑方案的及时动态调整及优化提供实时的有益参照。

元宇宙环境下，编辑的大量职业活动都是在虚拟的元宇宙世界里完成的。虚拟的世界或成为我们职业生涯的重心，是我们辛勤耕耘、努力工作的主阵地。元宇宙是一个无边无际的广阔世界，"去中心化"是它的一个特点。在这个世界里，哪里有阅读、哪里有创意，哪里有知识的热点，或哪里有海量的知识体系，哪里有频繁而富有成效的知识及文化产品交易，哪里就是"中心"。因此，对编辑来说，构建庞大而有效的知识体系，组织、策划极富创意活力的组稿、推广营销等活动，是编辑工作的重中之重。

现实中不可能实现的，可在虚拟的元宇宙世界里实现。也正因为如此，才让一切元宇宙中的文化产品更具吸引力。元宇宙中的文化产品，通过场景显示、沉浸式体验，在受众心目中已达到日臻完美的地步。这也正是大淘宝上"云逛街"[7]大受欢迎的原因。云逛街几乎满足了受众、顾客的一切心理需求，从而激发出他们购买产品的强烈愿望。浪漫的风情，温暖如春的画面，配以情调的音乐与动感，让顾客尤其是女性顾客欲罢不能。海尔在 2021 年 8 月也发布了"厂、店、家"跨场景体验®元宇宙色彩的虚拟网络产品，给受众、顾客一种全新的体验。因此，通过元宇宙的技术手段，根据受众特点及心理需求，完善文化产品及打造场景化、沉浸式体验的元宇宙宣传促销品，应是编辑的看家本领。

出版、营销环节的元宇宙化

编辑和出版是一门遗憾的艺术，这种说法曾在业界广为流传。的确，编辑辛辛苦苦编出一本书来，从市场调研、策划到文案提交、立项，从书稿加工审读、设计、选材到市场推广、营销，不知耗费了多少时间与精力。但每当新出版的一本书被摆放在编辑的案头时，编辑几份惊喜之余，随之而来的便是几多遗憾，甚至还会夹杂着几份自责。哎，版式不理想，怎么行距这么挤？封面怎么这么暗？纸张怎么会这么次？一连串的自哀自叹道尽编辑的酸甜苦辣。随着 AI、3D 技术的发展及元宇宙时代的到来，编辑的遗憾将会减去很多。

某本纸质书的开本大小怎样才适宜，封面怎样的效果才正好，版式中的行距、字间距怎样才适中，正文采用哪种字体及大小、选怎样的纸张、以怎样的工艺印刷效果最佳……把这一切放在元宇宙的世界里先"审视"一番就能迎刃而解。

虚实相融，3D立体呈现一本完整的书，可随时打开任一页进行"虚拟"阅读，随时把玩任何一个部分在整体中是否协调。完美的体验，激发我们的审美愉悦。甚至具体到哪种装订手法更有质感，我们都能在虚实相间的环境下一目了然。一本近乎完美的"书"在我们的眼前展开，我们甚至可以观察到它的每一个制作细节并给出最优方案，这在以前是不可想象的。以前我们只能凭经验判断，而经验也往往是不可靠的。

如果让这本书融入"场景"，受众的体验感就会更加深刻。我们可以把一本书的前世今生拍成一个极富想象力的微短剧，讲述它怎样像一个婴儿那样来到人间。从起初编辑的苦思冥想、创意灵感乍现，到编辑参与的各个过程及出版社各个部门专业人士的分工协作、共同努力，它来到"人间"，浑身都散发着劳动者的气息。它不是一件冰冷的"物"，它浑身散发着"善"的温度，隐含活力、热情与想象。正如美国出版史上最伟大的编辑之一罗伯特·戈特利布所说的一句名言："出版就是把你自己对一本书、一位作者真诚的热情传递给全世界的事业。"⑨场景可以是编辑这个"人"（这本书得以出版的灵魂人物），可以是美编的设计室，可以是印刷车间轰鸣的机器、一脸油污的印刷工人，可以是仓库的大铁门，可以是发行、营销人员奔波的身影。当然还可以根据一本书的主题、内容及它的读者类型，专门"讲述"这本书神奇的穿越故事，以温暖打动他们。故事的叙述，场景的选择，音质、视觉效果，都应加强受众的体验感，要让他们身临其境，"沉浸"其中。这一切也是编辑要介入的推广、营销功课。

编辑工作的专业性不会改变

虽然在技术发展的环境下，大众出版的参与者即主体的工作方式及出版的某些环节会发生变化，但万变不离其宗，一些因长期社会职业分工而带来的根本性的专业精神、内涵仍会保持不变。

第一，作为出版活动的主体——编辑的职业专业性不会变化。策划、组织、选择优质的内容，促进人类思想进步与文明发展，这是编辑的职责所在，无论在哪种环境下，只要编辑这种活动不会消亡，编辑职业身份依然存在，那么，编辑都应履行这样的职责，任何活动都要践行这样的行为准则，元宇宙环境也不例外。

第二，编辑作为内容生产的策划者、组织者、加工者的角色没有变，在诸多出版环节中的"总指挥"的作用及协调功能不会变，亦即其在传播媒介中的"中心"地位不会变。

第三，作为创意性的服务产业，大众出版以大众读者为主要目标的市场价值导向没有变。

第四，以社会效益优先，坚持社会效益与经济效益统一的出版价值导向没有变。

第五，编辑与"作品"的关系本质没有变。作品是作者思想、灵魂的外化、显化；策划、编辑、出版什么样的作品，则体现策划者、编者、出版者的意趣与旨归。这种带有鲜明"个性化"色彩的产品，充分彰显策划者、编者、出版者的品位、理想、目的以及推崇什么、不推崇什么。

注释：
① 元宇宙原来是个伪命题 [DB/OL]. 蓝鲸财经，2021-11-24.
② 让大厂疯狂、资本追投的元宇宙是个什么鬼？ [DB/OL]. 腾讯科技，2021-08-16.
③ 元宇宙是把双刃剑，将带来五大巨变 [DB/OL]. 中国新闻网，百家号，2021-11-14.
④《辞海》缩印本：第六版 [M]. 上海：上海辞书出版社，2013.
⑤ 腾讯 CEO 马化腾：在元宇宙概念方面，比较关注全真互联网 [N]. 中国证券报，2022-03-23.
⑥ 如果元宇宙是未来，那么元宇宙的未来是什么 [DB/OL]. 学习强国，2022-01-20.
⑦ 元宇宙将成未来认知战的新高地，应用价值不可估量 [DB/OL]. 新华网，2022-03-05.
⑧ 抢滩元宇宙背后，中国时尚产业的确定性与不确定性 [DB/OL]. 深圳热线，2022-02-07.
⑨ 格罗斯. 编辑人的世界 [M]. 北京：新星出版社，2014.

（本文发表于《编辑学刊》2022 年第 6 期，发表时有删改）

出版的一个契机

"整本书阅读"一度在中学语文教育界很流行。究竟什么是"整本书阅读",从权威专家、学者到一线语文教师,各执一词。从概念到实施路径,再到具体的实践案例,长篇大论,不一而足,一派热闹的景象。其实,在我看来没这么复杂。所谓"整本书阅读"无非就是经典阅读,表述上只是换了一个马甲而已。其目的就是要读懂一本书,读透一本经典书。此外,要针对阅读者的基础与实际,进行差别化指导与实施。就一般读者而言,阅读一本有"难度"的经典书,适当借助外力是非常必要的,包括阅读指导类的辅助读物,这就为出版活动提供了契机与空间。当然,在我看来,首要的任务是唤醒读者的阅读兴趣,培养他们的阅读习惯,这一点很重要。没有这一点,其他都是空谈。

经典作品,是人类思想文明海岸边散落的一颗颗珍珠,从理论上讲,经典都应该阅读,但囿于每个人的实际处境,必须加以选择，对一般读者和青少年而言，应优先阅读那些基础的、必要的部分。

附文　"整本书阅读"与出版

在政府层面的大力倡导和舆论的推动下，社会范围内的经典（或具经典性作品）阅读，尤其是传统文化经典阅读渐成气候，呈现出广阔的前景。在中学语文教育界，也适时提出了"整本书阅读"计划。这一计划一经传播，便在社会上尤其是语文教育界掀起巨大风浪，一时成为关注的焦点。就其语境及本质要求而言，"整本书阅读"主要是指经典阅读或优秀传统文化元典阅读。因为只有这样的阅读才更有意义。著名作家梁衡曾说过，经典阅读让我们收获种子而不仅仅是粮食，收获渔具而不仅仅是鱼[1]。莫提默·J.艾德勒在《如何阅读一本书》里也说过："一本好书（经典）能教你了解世界以及你自己。你不只更懂得如何读得更好，还更懂得生命。你变得更有智慧，而不是更有知识——像只提供讯息的书所形成的那样。你会成为一个智者，对人类生命中永恒的真理有更深刻的体认。"

相对网络化的浅阅读、碎片化阅读及蜻蜓点水式的泛阅读，"整本书阅读"更加注重阅读的深度化与系统化，要求既要见"树木"，更要见"森林"。它实则强调读懂、读透一本经典书（或具经典性的书），读懂、读透一本优秀的传统文化著作，并努力将其价值与精髓运用到阅读者的学习与生活中，赋能人格与精神成长。通过系统与深入地阅读一本经典作品，在一定的广度与深度上拓展阅读者的精神空间，提升阅读者的精神境界。

"整本书阅读"提出的三个社会动因

首先，"整本书阅读"是针对现实的阅读环境提出的。网络新媒体技术发展以来，阅读的随机性、碎片化、浅阅读表征日趋明显，引起社会尤其是读书界的关注。要想从阅读中汲取丰厚营养，获取成长的精神动力，必须加强阅读的系统性与深入性，有效提升阅读的层级与水平。在此背景下，经典阅读与"整本书阅读"，被提上议事日程。

其次，"整本书阅读"也是个体成长与发展的内在需要。随着人们物质生活水平的日益提高及受教育程度的普遍提升，很多人闲暇时光不再仅仅满足于随机性的浅阅读。人们对精品阅读的向往，对精神生活及品质的追求，为社会层面的经典阅读与"整本书阅读"的普及与推广，创造了极为有利的条件。

再次,"整本书阅读"助力中华民族的伟大复兴,是实现"中国梦"的重要一环。随着改革开放的日益深入与发展,中华民族的伟大复兴已成为时代之强音。民族复兴离不开文化复兴,文化复兴离不开传统文化经典的普及、推广与深入人心。阅读我们民族的文化经典,弘扬我们民族优秀的传统文化,正成为一种时代风尚。

"整本书阅读"的两个指向

从阅读主体来说,"整本书阅读"要求阅读者不能仅停留在蜻蜓点水、浅尝辄止、略知一二上,而是要在阅读内容及主题的"系统性"(知识迁延)与深度上,对自己提出较高要求。"一本好书值得主动地阅读"[②],"好的阅读,也就是主动地阅读"[③],这里的主动,就是要激发"内在的生命力量"[④],竭力理解与掌握经典的内涵与价值,并将其化为自己的精神资源,丰富与提升自己的精神世界。

从辅助、指导、引领阅读并为阅读主体提供系统支持的角度来说,"整本书阅读"即是这样一种手段与系统性策略(如表1),它能引导阅读者(主体)进入具体的阅读场域,并能逐渐沉浸其中从而获得系统性认知及深入性理解。透过经典作品,不仅可见一棵棵知识的"树木",也能清晰地描摹"一片森林",最终建构起一座无形的精神大厦。这样的一种系统策略与手段即为"整本书阅读"的支持系统,它对一般读者而言,是引领人们进入经典阅读王国、提升阅读层级及水平的有效途径。

表1 "整本书阅读"的一体两翼

整本书阅读	
自主阅读	支持系统
依靠阅读者自身主观能动性的发挥	引领阅读者进入阅读场域,帮助阅读者建构系统性认知
做阅读笔记、写读后感、书评	纸媒、线上线下课程、阅读小组、报告、研讨

《如何阅读一本书》的作者莫提默·J.艾德勒在谈到所谓"阅读艺术"时下过一个定义:"这是一个凭借着头脑运作,除了玩味读物中的一些字句外,不假任何外助,以一己之力来提升自我的过程。"在他看来,阅读只是阅读者自己的事,阅读活动需要充分发挥阅读者个体的主观能动性,需要调动生命的"内在力量"。但他同时也指出,在"阅读难读的书"时,可以"寻找外界的帮助"。可见,阅读(尤其是比较难的经典阅读)也如人类社会其他活动(物质的、精神的)一样,

需要寻求社会的帮助与支持,需要通过学习才能掌握其技能。没有人天生会做某件事,也没有人天生就会跨越障碍进行有效的阅读。"整本书阅读"之于阅读者而言,就是这样的辅助支持系统。那些汇集了人类社会文明精华、饱含人类思想智慧的经典著作,由于时空的隔膜,未免给后来者带来一定的阅读困难。时代氛围的差异,语境的不同,风俗习惯的变迁,等等,都会让阅读者望而却步。事实证明,越是穿越时空久远的经典,人们(一般读者)越是感到阅读的"恐惧"。所谓经典,就是人人都觉得要读但又怕读的东西,这种说法虽带有戏谑的成分,但多少包含着真理的因子。因此,对于绝大多数的一般读者而言,对阅读品位要求较高的经典阅读,需要一个支持系统。有了这样的支持系统,一般读者才能一步一步提升阅读的层级与水平,最终抵达"自主阅读"⑤的彼岸。

"整本书阅读"支持系统及其优化

"整本书阅读"早在电视媒体占主流的时代就已开始,影响最大、效果最好的要算央视的《百家讲坛》。最早以于丹、易中天等为代表的学者,走上央视开讲《论语》《三国演义》等传统文化经典之作。这其实是"整本书阅读"的另一种表现形式。《百家讲坛》掀起了一股传统文化热,吸引了无数观众(读者)热读、传颂传统文化经典。电视媒介之后的自媒体时代,各种读书平台更是如雨后春笋般生根发芽，茁壮成长。其中的佼佼者如喜马拉雅、樊登读书会、罗辑思维得到、慈怀读书会、十点读书等。喜马拉雅主要是各类音频聚集平台，里面有各种各样的读书分享与阅读精品课程，为各色读者提供阅读帮助。慈怀读书会拥有粉丝用户500多万，其中大部分为女性读者。这家读书会线上线下读书活动丰富多彩，针对女性自我成长与完善的各种经典阅读（整本书阅读）课程也吸引着众多读者。他们每年一度的"讲书人"大赛，让许多优秀的阅读者、讲书人脱颖而出，从而把"整本书阅读"活动推向了深入。罗辑思维早期以极其精短但蕴含丰富的精彩导读（整本书阅读）赢得了数千万白领读者的青睐，其后期的得到平台，更是走精品化路线，高质量、高层级、高品位是它的阅读标签。

在中学语文教育界，也涌现出很多"整本书阅读"的先行者与佼佼者，其中三位上海的中学语文老师十分引人注目。复旦附中的特级语文老师黄荣华，大约在十几年前就带领学生尝试"整本书阅读"。他主编的"著名中学师生推荐书系"，将每本带有经典性的散文作品分为若干单元，再将若干单元打通连成一片，指导学生在阅读每本书的时候，形成一个有机的"整体"印象。他的这种尝试与探索，后来被很多老师接受，教学成果非常喜人。还有一位是上海师大附中的余党绪老师，他把批判性思维引入"整本书阅读"与经典阅读，教会学生善于运用"思辨"读经典作品。他还专门撰写了《中学生思辨读本》等著作，并在多次研讨会与报告中分享自己的经验，让更多的同行受益。复旦附中的王召强老师，也是"整本书阅读"的先行者与建设者，他利用课余时间勤奋阅读与钻研，在仔细、深入地研读若干经典著作之后，著有《中学生如何整本读经典》，并开设"强志语文"公众号，引领广大学生进行"整本书阅读"，开启他们的经典性、系统性、深阅读之旅。除此之外，还有南京十三中的曹勇军老师，在他主导下成立的学生"经典夜读小组"坚持数十载，让学生在阅读经典的过程中学习与成长。为帮助学生深入理解经典作品，他还不断邀请著名作家与学者进校园与学生互动，在互动中获得阅读的启发与提升。他还利用古城南京的历史特点与资源优势，带领学生深入考察历史现场，让学生身临其境，在历史的"场域"中感知与领悟经典的深切意蕴。

"整本书阅读"的支持系统呈现出多样性，除阅读纸书外，还有报告讲座、音频视频课程、线上线下阅读组、研讨展示、考察等，而这种多样性是基于受众的多样性而形成的。受众的多样性，主要体现在性别的差异、年龄的差异、文化水平的差异、个体趣味的差异、工作性质的差异、受教育背景的差异、知识结构的差异等。尽管客观存在这些差异，但我们可从阅读者的阅读素养、阅读认知与水平、阅读效率等方面，大体可以把阅读者分为三个层级：一般读者、高水平读者和专业读者（图1）。

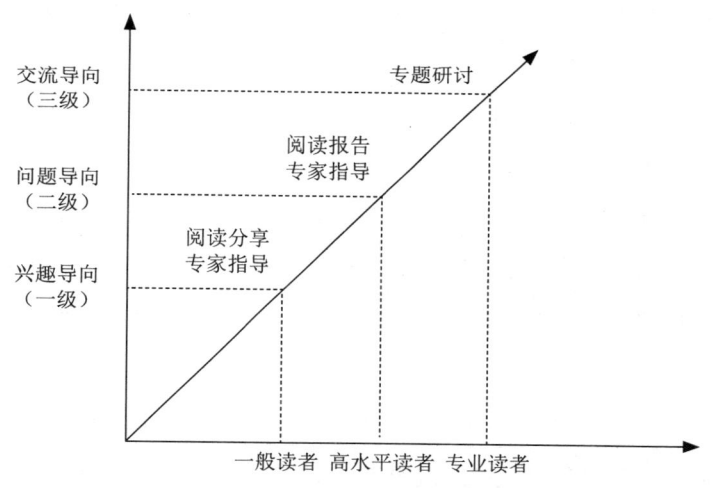

图1 阅读者的三个层级及与其对应的支持策略

一般读者或叫初级读者，他们刚跨进"整本书阅读"的门槛，尚未养成经典阅读的习惯。他们往往对阅读一本经典著作很茫然，不知从何处着手。对这样的读者，除了提供一些基础性的阅读支持外，激发他们的阅读兴趣是关键。因此，对这样的初级读者，坚持兴趣导向原则。

较高水平的读者，已经跨入经典阅读的门槛，并掌握了一定的阅读技巧与方法，对所读的经典作品也有了较完整的认识，并对深入探究表现出强烈兴趣与欲望。对这样的读者，坚持问题导向，激发他们做更深入的研读。

专业层面的读者，除了对经典作品有较为完整的认知和较为深入的探究外，对更加深入的专题性研究表现出浓厚的兴趣。有了相当的积累之后，这样的读者渴望有交流的平台与机会，希望充分表达自己的深切阅读体会。对这样的读者，坚持交流导向。

就阅读水平、成熟度以及所获多寡而言，三级读者依次渐进而上，逐步提升。达到"专业读者"层面，可以说就基本达到阅读的"自由境界"了，也即达到所谓的"自主阅读"阶段。

"整本书阅读"支持系统的优化，不仅体现在为社会不同人群提供不同的阅读支持服务，还要针对不同阅读层级的阅读者及其处境，科学地制定并提供相应的阅读服务计划，以让他们在阅读的天空越飞越高，直至抵达理想的境地。

"整本书阅读"与出版

2020年国民阅读调查报告显示，我国人均阅读电子书9.1本，有声书6.3本，纸质书6.2本（2019年人均4.65本）[6]。报告指出，我国国民无论电子书、有声书等新媒体阅读量还是纸质书阅读量，都呈现增长态势。量的增加，会带来"质"的需求，会促成阅读层级、品位的升级换代，经典阅读、"整本书阅读"也会为越来越多的读者所关注。而这些,客观上也为"整本书阅读"的相关出版(新媒体出版和纸质出版)带来新的机遇。

作为阅读支持系统的"整本书阅读"方案优化,主要体现在为不同层级与水平的阅读者提供不同的服务体系,以恰当地满足各自的内在需求,并努力促成他们向阅读的更高进阶过渡与发展,从而最终达到自由的阅读境界,即"自主阅读"。

同一部经典作品的"整本书阅读"方案,可以提供多种版本。纵向看,有适用阅读水平高低的版本;横向看,有适用不同人群不同趣味的版本。以《红楼梦》"整本书阅读"出版为例:我们可以针对小学生、中学生、大学生、研究生不同层级的读者,依据他们各自的特性、需求、阅读水准等,提供相应的"整本书阅读"方案。这样,出版就可以有小学生版、中学生版、大学生版、研究生版等。我们还可针对社会不同群体,如白领女性群体、教师群体、公务员群体、农民工群体等,依据他们的实际生存境况及各自关注的焦点、趣味所在等,做成《红楼梦》白领女性版、教师版、公务员版、农民工版等。

当下,出版已进入"融媒体"时代。所谓融媒体,就是同一内容与主题,通过多种媒介(纸质书、音频、视频等)呈现、展示出来。而且,不同媒介,不是简单重复同一内容,而是依据不同媒介各自的特点与长处，从不同侧面与视角加以呈现与展示，共同构建一个主题鲜明、主题统领的有机的生态系统。

在这里我们关注一下所谓"沉浸式阅读"。

在数字化新媒体技术迅猛发展的今天，"沉浸式"概念不胫而走，成为一时的热门话题。何为"沉浸式"？中国人民大学创意产业技术研究院副院长宋洋洋指出："沉浸式是利用人的感官和认知体验，把虚拟现实等技术和'讲故事'结合起来，营造一种接近真实的氛围。这种手段既可用于医疗、教育、制造等生产场景，也可用于展览、演出、旅游、商业等体验场景。"[⑦]由此可见，"沉浸式"是一种虚拟现实的技术手段，帮助人们更好地理解与掌握某一主题文化产品的内涵，并获得丰富而深切的主观体验。

"沉浸式阅读"，顾名思义，就是利用新媒体虚拟现实的技术，让阅读者身临其境，沉浸在所阅读内容、文本的氛围之中，从而获得深刻体验，这种体验能有效帮助读者深刻领会并掌握文本的精神内涵。

"沉浸式阅读"其实是一种视频媒介与手段，可以在适当的情况下，助力经典阅读，可以作为"整本书阅读"支持系统的一部分。尤其是在帮助读者阅读一两个世纪以前甚至更加久远的文学名著中，发挥作用。

综上所述,"整本书阅读"在经典阅读愈加时尚的今天与未来,有着潜在的、巨大的市场需求,这也为出版(包括纸质出版、多媒体出版)带来无限商机。

注释:
① 梁衡. 中学生怎样阅读与写作 [M]. 北京:北京联合出版公司,2019.
②③④⑤ 莫提默·J. 艾德勒. 如何阅读一本书 [M]. 北京:商务印书馆,2009.
⑥ 2020 年第十二次全国国民阅读调查报告 [DB/OL]. 百度文库,2020-07.
⑦ 宋洋洋. 从数据中来,到沉浸中去 [J]. 光明日报,2021-03-29.

(本文刊于《编辑学刊》2021 年第 5 期,收入本书时有改动)

文本转换助推经典传播

本世纪初,以央视《百家讲坛》为代表的本土经典文本的通俗化、趣味化、个性化解读,一时成为社会文化的新时尚、新坐标,曾引起巨大的社会反响。从此,"经典"走下圣坛,低下高傲的头颅,走向平民的精神生活空间。学者当中,那些十分接地气、把经典说得有人间烟火气也颇有"神气"的讲解者,深受大众追捧,比如易中天讲三国,一时在受众间掀起滔天巨浪,其光芒如日中天。还有于丹讲《论语》,也获巨大成功。这些成功的讲读者,无不深谙"文本转换"之道,极善于打破传统讲解经典的窠臼。经济发展带来社会转型,人们对更高精神层级的追求与渴望,犹如地壳运动集聚的巨大能量,亟待释放。经典走下"圣坛",走向民间,实现有效的文本转换,正好切开了一个社会能量释放的巨大的口子。

附文 文本转换在当下出版中的意义

追求图书的经济效益与社会效益的有机统一,努力扩大图书品种的市场销量并以此扩大图书的社会影响力,是当下出版人所梦寐以求的。但要在如今激烈竞争的图书市场中胜出,可不是一件容易的事。关注当下出版市场的一种常见现象——文本转换(出版文本即出版物内容与形式的统一,文本转换即由一种文本向另一种文本的转变),并在此基础上进行调查与研究,或许会帮助出版人实现自己的目标。

文本转换是社会转型、变革与发展的内在要求

不知从何时起,出版物市场变得日益繁荣起来,出版图书的品种和数量大大增加。到目前为止,全国每年要出版近20万种书(包括重版),国人从过去的那种书荒年代一下子掉入了琳琅满目的书的海洋。就像人们从过去物质匮乏、生活相对贫困的年代走到今天物质丰富、温饱问题已基本解决的年代一样,人们也由追求物质生活的多样性和"个性化",开始追求精神生活的多样性、丰富性和个性化,把过一种"有质量"的精神生活作为一种价值导向。表现在图书市场上,读者显然已远远不满足于以前的(尤其是计划体制下形成的僵化和呆板的出版观念和模式)出版物文本(文本即内容与形式的统一），在选购出版物时呈现出更高层次的要求。尤其是对外开放环境下外版优秀读物的引进，更是吊高了读者的胃口。互联网技术的广泛运用，各类网络出版物的兴起，尤其是海量的呈个性化特色的博客出版（尽管泥沙俱下，但不可否认确实打开了读者的眼界，让阅读和写作拥有了更加广阔和自由的空间，同时网络出版中也不乏优秀书写者）的风起云涌，都为当下的出版人提供了以市场为导向，跟踪读者需求变化，充分利用已有的出版物文本资源优势，掌握市场信息，适时进行"文本转换"的土壤。

文本转换是社会转型在出版界的反映，它是社会转型在人们思想观念中的反映，从某种意义上说，它也是不以人们的意志为转移的。社会在变，一切在变，出版当然也得变。当我们还沉浸在过去的那一套陈旧的思维观念中不能自拔，甚至还将什么供奉为"圭臬"仍然在那里指手画脚时，当我们不自我反省、改变自己，而是在指责世风日下，读者趣味、品位滑坡，甚至还在做困兽之斗时，那无异于在重演堂吉诃德的悲剧甚至是闹剧。笔者若干年前曾在一家出版社当编辑，一次，总编辑在向编辑"训话"时，以一本学术大书的装帧设计为例，批评某一出版社的所作所为，说那简直就是在糟践庄严神圣的学术出版。他指责的不是这部书的内容，而是它的外在呈现形式。末了，那位总编辑语气稍缓但依然严肃地说"学术著作哪能这样做呢"云云。有一青年编辑实在忍不住了便站了起来表达自己的意见：学术著作我认为可以这样做，它的装帧活泼而典雅，又不失庄重。

实践证明，若干年前那位青年编辑对那本学术大著装帧设计的大胆看法是对的。至少他敏锐地捕捉到时代变化的蛛丝马迹，他感觉到社会变革中人们对一切陈旧的东西的"求新求变"心理。

再以广西师范大学出版社为例，若干年前，它从一个默默无闻的地方大学出版社，一跃而成为中国学术出版的重镇，一匹脱缰而出的黑马，名满天下，甚至一时成为学界文化人（包括读者）追慕的理想国，这不能不说是一个奇迹。而这奇迹诞生的关键之处就在于该社一群出版人适时抓住了学术出版文本转换的契机，开创了学术出版和文化出版鲜活样本的先河。它的成功说起来也简单，不过是对以前已出版的古今中外的学术经典文化名著的重新梳理和包装而已。注意这里的关键词是"包装"二字。大气的开本，疏密有致的文字排列，典雅的设计配上柔软适宜的纸张，令人耳目一新，一扫过去年代学术著作、经典著作出版的呆板阴沉与肃杀阴郁之气，鲜活的文本呈现方式让天下读书人神清气爽，如沐春风，那种精神家园特有的魅力犹如关不住的"红杏"肆意地从墙头那边探出头来。试想，现在如果还沉浸在过去那种只重内容不重形式（所谓内容为王）的文本窠臼里，还把一本学术著作和经典文本做成过去那样灰头土脸甚至贼眉鼠眼的样子，还有读者问津吗？

对经典作品的重新解读，是当下文本转换的一大特色

文本内容的转换，往往表现为同一文本内容的不同解读方式。比如，到目前为止，关于传世经典名著《红楼梦》的解读版本就达数十种之多。这其中既有传统红学专家（如周汝昌）的研究专著，也有俞平伯、王国维等一流文化大家的解读专著，同时在当代又涌现出具有新时代特色的多家"红学"解读版本。比如有作家刘心武、王蒙解读的《红楼梦》版本，就连在央视《百家讲坛》开讲《聊斋》的马瑞芳也赶来凑热闹，拿起了"手术刀"，开解《红楼梦》。还有一个叫西泠雪的白领新贵，干脆直接模仿曹雪芹老人的笔法，续写起《红楼梦》，而且是一部接着一部，一发不可收拾。非但如此，另一个有着"红学家"头衔的人竟斗胆做起了当代脂砚斋，为那位当代"女曹雪芹"的红学大著做当代"脂评本"。在这里我要重点提一下的是，最近有一个后起之秀，刚从北大毕业的二十几岁的新锐，名叫郭甲子。她不仅有好的文笔，还有着这个年龄段女孩少有的洞察世界的犀利和敏锐。《红楼梦》她早已烂熟于心，对其中的很多人和事都能轻而易举地说出个道道来，而且出言不凡，句句在情合理，且往往有让人讶异、敬佩的独到发现。二十几岁的人能读到这种程度确属不易，与那些前辈和一些"大家"相比，她以她超凡的才气和坚韧的努力，在解读《红楼梦》这部经典面前，可以说并不逊色，差异仅在于"一个二十几岁的女孩眼中的《红楼梦》和她心目中的《红楼梦》"。她撰写的《二十几岁读红楼》也即将出版。凡此种种，仅一个红学经典著作就有为数众多的解读版本，俨然呈百花齐放、百家争鸣的大好局面。虽各是一家之言，而且解读的角度、叙述的方式也各不相同，但却为读者的多样化选择提供了极大的便利。就年龄而言，年龄大的读者可选择年龄大一些的作者写的版本，这样容易产生共鸣，而偏于轻松阅读和休闲阅读的读者，可选择相对应的文本。

因此，同一内容的多版本呈现，打破了过去单一由专家以研究专著的形式呈现出的一元化文本选择模式，从而为读者根据自身实际做出更好的选择提供了可能，这不能不说是新形势下文本转换带来的结果。

从传世经典文本的解读中，获取当代需要的价值，是文本转换的一个出发点和归宿。

于丹讲《论语》就是一个成功的典型。社会转型时期，面对种种矛盾和困惑，很多人对人生产生了迷茫和怀疑。于丹对孔子及《论语》的独特解读，将孔子作为我们的心灵导师，

照亮自己
——我的编辑世界

在那里对我们侃侃而谈、诲人不倦,他一会儿风尘仆仆一脸倦怠,一会儿又悠然自在和颜悦色,仿佛他就坐在那遥远的年代以一个哲人和智者的温婉形象与我们面对面促膝谈心。他仿佛就是为我们而生,到人间来解开我们的一个个心结的,在我们心灵最黑暗的时候为我们点亮一支蜡烛,照亮我们前面要走的路。于丹的讲解满足了人们的心灵渴望,唤起了人们对生命的珍重和对人生的勇气与信心,让人们又一次重新捡起丢失已久的对人生命题的思考。这种讲解一改过去高头讲章式的口吻,既深入到文本的内核攫取其精髓,又打开了当下人们心灵的郁结,用那采自经典文本内核与精髓的元气,一点一点融化我们心头的一个一个郁结,直至那郁结处开出一朵朵灿烂的花朵。于丹对孔子及《论语》的解读获得了巨大的成功,它的成功就在于作者善于充分地发掘经典文本中对当下"有用"的信息,并作自然的发挥,然后充分地"为我所用"。通过对经典文本的"当下"解读,也再一次证明了经典文本的不朽价值。

此外,易中天讲三国,也一破传统讲法,对三国中重要人物大胆而富有趣味的形象化解读,既满足了变革时代人们"求新求变"的心理需求,更满足了读者对人生职场甚至官场等的潜在"智谋"的需求。近几年畅销一时的《水煮三国》《孙悟空是个好员工》等优秀出版物,将管理学的知识与技能融入三国、西游记故事的叙述中,让读者在有趣地阅读三国、西游记故事的过程之中,轻松学习、领悟和掌握现代管理学的精要。被誉为国学大师的南怀瑾,其著作深受读者欢迎,他在著作里谈哲学、谈宗教、谈人生、谈文化等等,尤其善于将自己的研究心得与亘古的人生重大命题紧密结合起来,并用娓娓动听的语言阐发他对人生的洞见,因而广受追捧。最近,有出版人策划出版了他的一部著作,书名为《漫谈中国文化》。在这本书封面的显要位置标出一行字:"金融 企业 国学",编者的意图显而易见,他试图将南怀瑾的国学研究与当下颇为热门的"金融""企业"挂起钩来,试图从南怀瑾的国学研究中发掘对金融业、企业的"新价值"。我记得北大曾经开过一个针对女企业家的"红学班",专门传授和研讨王熙凤的管理策略。如今遍地开花的针对大企业高管的这个班那个班,或打上"国学"的名号招摇天下,或不惜重金请一些国学名教授授课,这里且不论这种种做法的实际效果及社会影响如何,但有一点值得注意,就是反映了从经典文本中寻找当代价值,并为当下所用,这是一个不争的事实,同时也反映了当下出版的一种现象和趋势。

文体转换、双语出版是当下文本转换的亮点

文本转换还有一种现象,表现为"文体"的转换。例如,《输赢》《圈里圈套》等出版物，它以小说的形式，将谈判、营销、企业竞争等知识技巧及企业战略等"现代商战兵法"演绎得淋漓尽致。让读者一别过去读教科书的枯燥和乏味，把读者从过去单一的系统知识传授文本中解放出来，通过有趣甚至引人入胜的方式学到有用的知识。《杜拉拉升职记》一经出版便受到年轻职业人的追捧。它不只是一部好看的小说，更是一部给读者万千启示的、关于职场生存法则的优秀小说。以往我们也见过职场生存竞争类的读物，有的还是从国外引进出版的，但大多数图书往往注重实际操作性和实践的计划性，而没能像小说那样将吸引读者的情感因素灌注其中，因而缺乏打动人心的力量。目前已经出版到第六部的《明朝那些事儿》，算是这类现象中的典型。过去历史教科书式的叙述编排方式，早让读者倒了胃口。本来历史鲜活的一面被那些躲在教科书之后的所谓专家学者们一刀一刀阉割了。而当年明月用文学手法再现历史的写法，则让读者过足了一把瘾，享受到一边读历史一边沉入历史的瞬间，和历史人物一起沉浮一起悲欢的畅快。

如今，双语出版已成为一种时尚。大约十几年前就有如外研社等大牌外语类专业出版社作过尝试，出版了英汉对照读物，迎合了一部分读者的需求，但还不成气候。随着国民受教育程度的提高和受教育范围的扩大，以及对外开放程度和范围的加大，中国文化在世界范围影响的日益增强，英汉双语对照出版物市场也日趋成熟，并成扩展之势。比如，上海三联与北京一家文化公司合作推出的"买中文版送英文版"的世界经典双语系列，在包括《瓦尔登湖》《君主论》《国富论》《菊与刀》等世界名著在内的系列中，别出心裁，将中文译本与英文原著捆绑在一起销售，一改过去单纯销售中译本或单纯销售外版书的状况，既满足了英汉对照阅读者的阅读时尚，也给读者制造了一种在经济上"划算"的感觉，从而促进了销售。据出版策划人介绍，这套书在图书市场上表现不俗，销量节节攀升，他们将继续扩大该系列的品种规模，以满足读者的需要。这种做法，也可以说是出版文本转换的另一种形式。

文本转换还表现为利用相关信息进行营销手段的创新

人类发展到今天，文化积累已很深厚。人类的几乎每个时代（当然是从有文字记载开始）都会积累下经典文本流传后世，充实和丰富着人类精神文化的宝库。历史就好比是一个大仓库，里面装满了琳琅满目的各类文化商品，我们需要什么，都可以随手从仓库里拿出一件来，或在现实中牵连到某一产品，我们也可以随便挑出它来做价值观照。《沉思录》是一本由古罗马皇帝著述的关于人生种种问题的哲学思考集，早在十几年前就由何怀宏翻译，由北京三联书店出版发行。它此前一直在小圈子里流传，社会影响不大，销量也很有限。自从某一策划人在捕捉到温家宝总理和美国前总统克林顿喜欢读这本书的相关信息后，在中央编译出版社重新推出这本书，并在腰封上打上醒目的几行字：温家宝总理和美国前总统克林顿的枕边书。结果这本书一下子便从书的汪洋大海中浮现出来，迅速蹿红，进入大众读者的视野。它的销量也一路飙升，接连数月跻身全国社科类图书销售排行榜的前列。接着出版者又借势推出同类型关联作品《道德情操论》和《智慧书》，风格相近的设计，让读者产生一个大板块大整体的联想，爱屋及乌，读者就会因为喜欢《沉思录》而可能再挑选这几本书，从而拉动了销售。接下来不久，沿着这股由《沉思录》带来的出版热，南京一家出版社大受启发，推出一个由梁实秋先生早年翻译的《沉思录》版本。出版社在"译者"上做起了文章。这本书一反已出版《沉思录》的中小开本而选择了大开本，塑封设计，显得落落大方。腰封上同样醒目的文字吸引了大众的眼球：你知道温家宝总理喜欢读的《沉思录》是谁翻译的吗？他喜欢阅读的那本书是梁实秋的译本。要读《沉思录》就读大家翻译的版本。版本转换由此带来的出版联动效应是明显的，它不仅制造了新的出版阅读热点，还让文化产品的"潜在"价值变成了"显性"价值，为更多的人所关注和接受，这样原有文化产品的价值又一次得到充分利用，从而使出版在文化传播中的功能也又一次得到提升。

根据文本的特定属性，有效实现文本的转换

根据已有出版物文本的某些特定属性，转换其文本，再把它输入特定渠道，传播到某一特定人群，从而最大限度地发挥文本的社会效应，这是出版者的任务和使命，也是出版工作者自身价值的又一体现。

几年前，我策划出版了著名散文作家梁衡先生的文化大散文著作《把栏杆拍遍》和最近走上央视《百家讲坛》的青年学者鲍鹏山的文化散文著作《寂寞圣哲》。在图书出版后，我曾接到过不少读者的来信，有的倍加推崇作者的作品并询问作者的联系方式，有的直接汇款给我让我代为买书。在来信中我发现一个现象，来自全国中学的师生比较多，河南一个高级中学的语文教研组老师还集体购买这些书。不久，上海一所著名中学的语文老师直接给我打电话要买上百本的书，以便让他的学生人手一册，作为课后第一读物。我想他们之所以更加喜欢这两位作者的文字，主要是被这两位作者流畅的文字间蕴含的非凡思想及强烈的生命意识所打动。之后我还了解到，这两位作者都有作品（梁衡的有多篇）被选入全国高中语文教材。既然他们的作品与中学语文教学如此"有缘"（梁衡曾意味深长地说他与教育有缘，恐怕也就在此），何不再做点文章呢？综合这些信息，我迅速产生一个念头，那就是对他们的作品做二次开发。如果说第一次开发是面向大众读者的，那么第二次开发就直接面向全国的中学师生这个特定群体。既然要面对这个群体，就必须了解这个群体的"特定需要"。于是，我物色了一位有多年丰富教学经验且文笔很好的语文老师做主编，让他组织一支编注队伍，对包括梁衡、鲍鹏山在内的部分作家的作品进行二次开发，依据中学教学的实际和学生的阅读水平，在重新编选作者佳作的基础之上，让一线的语文骨干或著名中学的名师适当加以导读和点评，以便学生更好地阅读，从而达到提高他们语文素养的目的。于是，在利用这位主编所在名校的号召力的基础上，推出一套"上海市著名中学师生推荐书系"，丛书分两次推出，几乎囊括了现当代与中学语文有"特定关联"的著名作家，包括梁衡、贾平凹、鲍鹏山、刘亮程、李元洛、夏坚勇、朱鸿等，也取得了不俗的市场业绩，单品种销售量大大增加，是"第一次开发"作品销量的好几倍。仅梁衡的《把栏杆拍遍》在二次开发后，两年时间内就加印了八九次；朱鸿作品集《夹缝中的历史》的销量也翻了好几倍；作家刘亮程已出版过的《一个人的村庄》"二次开发"的书名改为《遥远的村庄》，它的销量也节节攀升。这样的尝试完成了文本的转换，既得到作家本人的认同，也收到良好的市场效果，同时也放大了文本本身所蕴含的价值效应，可谓一举多得。

文本转换的内容和形式多种多样，不一而足，探索永无止境。本文挂一漏万，抒发自己的一孔之见，意在抛砖引玉，引起广大出版同人的关注。笔者认为，文本转换与时代转变及社会发展同步，势在必行。只要我们出版人勇于进取、大胆开拓并努力解放思想、与时俱进，身体力行、付诸行动，就能在出版文本转换的过程中有所作为，并取得成就。文本转换又是一个系统工程，它涉及文本所包含的内容和形式的各个方面与各个环节，我们出版人只有踏踏实实艰苦工作，才能不负历史赋予我们的这一神圣使命。

（本文发表于《出版广角》2009年第4期，发表时有删改，中国人民大学复印报刊资料2009年第9期《出版业》全文转载）

编辑的人格修炼

　　编辑是三百六十行中的一行，但相较于其他职业研究，编辑职业研究远远不够。比如，教育研究成果汗牛充栋，教师研究也长盛不衰，但社会上人们对编辑行业及编辑行为个体的研究可以说远远不够。当然这与编辑出版这个行业的规模及对社会的影响不及其他行业有关。

　　目前，国内有的大学开设了"编辑学"专业课程，有的还开设了研究生阶段"编辑学"的专业方向。但我以为这些专业课程大多都是几门其他学科的拼盘而已，学了这个专业，对如何真正做好图书编辑工作帮助有限。因为，这仅仅增加了求学者的知识储备，几乎没有涉及起关键作用的编辑人格的培养与锻造。

　　好的精神产品的打造，离不开出版业第一生产力——编辑的作用，甚至可以说，编辑起到关键作用。因此，要想多出好书、多出精品，必须要在"编辑"身上下功夫，才不至于本末倒置，捡了芝麻丢了西瓜。某种意义上说好的编辑不是靠"培训""学历"教育出来的，就像好的作家不是被单纯教育、培训出来的一样。好的编辑来自自身的职业自省，来自先天素质与后天努力的相互作用。与其对编辑不断开展这样那样的"教育培训"，不如厚植土壤，创造有利于编辑成长的宽松环境。我认为，一名优秀的图书编辑，应具备多种职业素养，也应将这些素养内化为编辑的自觉人格。

附文 编辑人格建构刍议

时代的精神生产与传播，离不开编辑。编辑在精神产品生产过程中扮演着重要角色，甚至起着苏格拉底所说的"知识助产士"的作用。作为时代精神产品生产的策划者、观察者、瞭望者与传播者，编辑大大促进着思想文化的生产与交流，从而推动着人类文明的进步。一般而言，编辑的精神状态是什么样的，他的责任力、认知力、判断力如何，亦即他的"编辑人格"总体处于什么层级与水平，在一定程度上影响着大众的审美趣味与社会的精神气候。因此，"编辑人格"建构，显得尤其重要。

一、编辑人格建构的含义

编辑人格，是指编辑工作者在开展自己的本职工作时所具备的特定的精神条件与基本精神面貌，是与编辑工作密切相关的各种精神要素的有机组合与协同状态。编辑人格的高下决定着编辑工作者工作的质量与成效，从而在某种意义上也决定着一个社会的精神文明水平。

编辑人格建构亦即编辑人格建设或编辑人格建造、提升，意指编辑群体或个体在一定的精神基础与条件下（受教育状况等）与编辑工作密切相关的精神内涵、素质（责任心、判断力、审美情趣等）的提升，这种建构与提升，有助于推动编辑工作的开展并使之富于成效。

编辑人格建构，既可以指称与编辑工作密切相关的编辑精神内涵、素质的整体，亦即整体素质的提升与完善，也可以指称构成编辑整体精神素质、内涵的各个要素的精进与完善。

二、编辑人格建构的主要内容

如上所述，编辑人格整体的建构，有赖于各个局部的建构，即与编辑工作息息相关，并对编辑工作产生重要影响的各种精神要素的建构，包括认知力建构、情感力建构、意志力建构、自我认同力建构、责任力建构、判断力建构、审美力建构、人际交往与沟通力建构、文案提炼力建构等。只有各方面协调发展，共同进步，才能最终达到我们所希冀的编辑人格建构的理想状态。如果缺少了哪一方面或几个方面的建构，就会不尽如人意，甚至功亏一篑，编辑工作难以有较大的起色与成效，从而起不到应有的对社会精神生产与文明发展的有力推动作用。

1. 认知力建构

认知力反映编辑的认知水平，反映编辑的认知广度与思想深度。

编辑只有不断提高自己的认知力，拥有宽阔的视野和深邃的思想，才能更好地对出版选题进行价值判断并做出取舍，也才能在更高的层级、更宽的维度，对所编辑的作品内容进行加工处理，从而最终引导精神生产市场向更优的方向发展。如果编辑的认知力偏低，势必对事物的认识仅仅停留在肤浅的层面与褊狭的视域。这样的编辑也只能停留在低层级，他"催生"与极力传播的也只能是这样的"低级文化"，甚至制造文化庸品与垃圾，从而造成人、财、物的浪费。

进行认知能力建构，有效提升编辑的认知力，就要求编辑不断加强学习。不仅要向书本学习，向社会学习，还要向优秀的同行学习。一个好的编辑，一定是从不满足、不断学习的编辑。一个整天坐在书斋里的编辑不是好编辑，一定要关注现实社会发生的重大事件与各种新生事物，透过表象看本质。同样，一个坐不下来、静不下来、被浮躁裹挟，不看书不看报、不思考的编辑也不是好编辑。一动一静，文武之道，亦是编辑之道。只有在认识的广度与思考的深度上下功夫，才能不断增长见识，提升认知力。认知力提升了，编辑的工作质量与效果也会随之提升，社会的精神气候由此也会不断向好的方向转变。

2. 情感力建构

编辑的情感力也很重要。情感力连接两个维度：一是作者，一是读者。人是感情的动物，往往会被真情打动。作为与编辑合作完成一部书稿并出版的作者，也会为编辑的真情付出所打动。编辑的情感付出越多，获得好的书稿的概率就会越大，这也是常识。而好的作品也应该是有"温度"的。作为有情感的读者一方，也会自然喜欢有"温度"的读物。那些僵化的知识、僵硬的文本、僵死的说教，往往令人望而生畏。编辑要编出好的书，编出有生命力的书，编出"活"的文本，就需要有丰富而浓厚的情感投入。情感是出于"爱"，对作者的"爱"，对读者的"爱"，对自己所从事的这一份工作的"爱"。有了爱的付出，有了生命激情与"温度"的参与，并把它落实在工作的每一个环节甚至每一个细节上，一切都会发生变化。

编辑的情感力建构，要有几分理想主义情怀与忘我的牺牲精神。我很赞同复旦大学已故著名学者陆谷孙的一句名言：要用理想主义的血肉之躯，撞击现实主义的铜墙铁壁。"理想主义""血肉"与"情感""爱"分不开。一个纯粹的"现实主义"者，在情感的投入上是"吝啬"的，因为，他们只会对看得见摸得着的"现实利益"投注情感，而且极有"分寸"感。而编辑的劳动所指向的是高级的精神活动，往往是看不到"现实利益"的，甚至还需要做出极大的奉献与牺牲。所有文化事业都是要有极大的热情投入的，需要"理想主义"的"血肉之躯"，一个从事文化事业的编辑如果很"现实"，那是绝对做不出好书来的。

3. 自我认同力建构

人们对世界的认识包括对客观世界的认识和主观世界的认识，而且这种认识会随着人类的实践活动不断加深。就人类个体而言，对自我的认识有一个相当漫长的过程。作为"编辑"的个体也是这样。

作为编辑的个体，同其他任何社会个体一样，都是社会中某一具体的人。在实际工作中，他的各方面（兴趣、特长等个性）会得到展示和发挥，当然不足之处也会显露出来。作为编辑个体应总结经验教训，充分展示与发挥所长，避其所短，加强学习，取长补短，在实践中逐步建立与完善"职业自我意识"。

编辑"职业自我意识"的确立，标志着编辑在职业道路上日趋成熟。它意味着编辑对自我的认识比较深入、客观与全面。它比较清晰地指明了职业的自我定位与发展方向：我适合做什么，我的兴趣点在哪里，我将向何处去。

建立在自我兴趣、个性特点等基础上的编辑职业自我意识（亦即编辑自我认同），不仅有利于编辑的职业成长与才能的充分发挥，而且也带来了出版分工的专业化与图书市场的繁荣及多样化。

编辑自我认同力建构，有利于形成图书品牌与编辑个人品牌。成熟的图书市场竞争，一定是品牌之间的竞争。编辑强大的自我认同力，犹如一杆独特鲜明的旗帜，通过其策划编辑的"这种"（而非其他）劳动成果（即图书产品）大放异彩。编辑自我认同力建构下的编辑个体与其产品互相成就，从而会在整体上优化图书市场，提高其品质。

编辑自我认同力建构，一方面需要编辑大胆探索，在自己的岗位上敢作敢为，努力推出社会效益、经济效益好的作品。在编辑编出好的作品并得到社会肯定之后，反过来又会促进编辑自我认同力的跃升。另一方面，需要出版单位营造宽松的环境，让编辑人才脱颖而出。也要设法建立编辑岗位的合理流动机制，从而尽量满足不同编辑人才的成长需求。

4. 责任力建构

人类社会的任何行业都有自己的定位与使命，都以服务社会并推动文明进步为旨归。编辑行业也不例外。传承人类文明成果并发扬光大，推动学术进步与文化繁荣，是编辑的历史使命。因此，是否自觉地承担这一历史使命并为之努力，是判断一个编辑是否合格的基准线。这种使命与担当意识越是强烈，作为编辑的根基就越是深厚，人格、精神建构的起点就越高。一个"责任自省力"强的编辑，心中始终燃起一把火，时刻迸发出生命的活力，为出色地完成编辑工作任务提供了源源不断的精神动力。因此，责任力建构应成为编辑人格精神建构的根本与灵魂。

除了激发、唤醒编辑的使命意识与担当意识，责任力建构还要强调编辑职业的奉献精神。出于一种对待职业的责任心，编辑应该像战士那样，发现"敌人"（目标）在哪里，就要第一时间出现在"现场"，并努力"歼灭"之。编辑的工作现场，不能仅仅局限在书斋与舒适的办公区域。一次远行的出差，一场生动的学术报告，对一个重要作者的"跟踪"，一个业内典型案例的分享会，一个围绕内容策划的文化活动，等等，都需要编辑付出巨大的精力。这一切，没有奉献与牺牲精神，不可能表现出色，甚至连胜任这份工作都难。

5. 判断力建构

对事物进行判断，尤其是对复杂的事物进行判断，是一项高级的人类精神活动。它体现了人类知、情、意的统一。编辑的判断力尤其重要，它直接决定着人、财、物等生产要素能否有效结合产生效益最大化的结果。一部杰作的产生，往往会洛阳纸贵，读者争相购买；一部庸品的产生，则会造成库存积压、资源浪费。因此，编辑判断力的建设与培养即判断力建构，应成为编辑人格精神建构的重要一环。

我们常常把做一件事获得的成功，归结为一句话：在一个正确的时间，做了一件正确的事。对时间节点的把握，体现了一个人判断力的高下。做一部"成功"的书也是如此。如果时间不对，一切枉然。在什么时间做什么书，这是一切不甘于平庸的优秀编辑的必备功课，它体现着一个职业编辑独有的判断力。

判断力建构重在养成一种职业"直觉"。长期的职业浸染，会形成一种职业的敏锐"嗅觉"与"直觉"，我们可以把这种特殊的职业"嗅觉"与"直觉"，看作是判断力的高级形式（也是后文所述"编辑灵魂"的重要内容）。一位杰出的学者曾说过，搞学术第一需要有"狗的嗅觉"，要知道学术的前沿问题，要明白学术研究的价值取向与方向，只有这样才能保持与国际同行处在同一个层次与水平上。其实，出版也是这样。出版属于服务业，为作者服务，为读者服务，为整个社会的文化发展、进步服务，只有在这种服务中才能凸显编辑的价值。但这种服务不是被动的，而应是积极主动的，这种主动性往往就体现在编辑主体的职业"嗅觉"与"直觉"上。它既可以帮助学者、作者进一步辨明写作、创作的方向，从而为社会创作出更有价值（前沿）的精神产品，也可以通过出版行为引领社会读者的阅读风尚与审美趣味，从而提高他们的认知能力与审美水平。

6. 审美力建构

真、善、美，是人类共同追求的价值目标。但凡一部好的作品，其内核都能体现人类对真、善、美价值的永恒追求，而且，作品愈优秀、愈经典，就愈能将这一点贯彻、体现得淋漓尽致。子曰："《诗》三百，一言以蔽之，曰：'思无邪。'"这个"思无邪"，指的就是真善美。"高山仰止，景行行止，虽不能至，然心向往之。"司马迁在《史记》中由衷地赞美孔子，足见人类对真善美的向往。作为一切优秀作品的发现者、编辑者、推广者的职业编辑，应时刻秉持这盏照彻人类心灵的千古明灯。

以上是就作品的内容层面来说的。而就作品的形式来说，也应符合时代特征与读者的审美需求。随着新媒体技术的发展，出版呈现出新的面貌与态势，阅读市场也日趋多元化，"融媒体"俨然成为热门词。出版主体之间及多媒体（传统媒体与新媒体）之间的相互竞争，也促使出版的形式发生根本变化。就传统纸书而言，从版式设计、封面装帧，到材质的选择、工艺手段等，无不精益求精，以最大化满足读者的审美愉悦。这对编辑的审美力无疑是一种挑战与考验。

编辑的审美力建构直接关系到我们能为社会及历史提供什么样的"产品"，是"美的"，还是"丑的"。因此，编辑要以人类一切经典为自己的"食粮"，不断提高自己的审美修养与水平。

7. 意志力建构

意志力，是体现一个人人格精神品质的重要参数，是人们达到最终目标坚实的人格保障。古之立大事者，无不具有惊人的、无可撼动的"意志力"。

编辑意志力的建构，重在加强编辑克服困难的勇气与磨炼达到目标的耐心。编辑在不断向社会推出好的作品的背后，往往都付出了长期、艰苦的努力，这种艰苦的背后，有一种职业理想与意志力在支撑。笔者从业二十余年，编过几种"好书"，深知其中的甘苦。就拿2009年修订再版的《潜规则——中国历史中的真实游戏》一书来说吧。该书修订再版上市后，引起一轮销售高潮，数月内就销售了几十万册，在业界引起关注。鉴于此书对中国社会发展进程的独特价值，今年9月在《新京报·书评周刊》发起的影响中国改革开放四十周年"40年40本书"的评选活动中，该书高票入选。回想我能有幸与这本书"相遇"并将它经我之手修订再版且产生影响，也是我与作者保持长达十几年的不间断的密切交往所致。除了平时较为频繁的书信来往、电话沟通、电子邮件交流之外，每次一到京城出差，我都会事先联络作者，并约其见面拜访。十几年结下的深厚友谊与彼此信任，才会让作者将这部杰作托付于我。

实践证明，编辑意志力的强弱与编辑的工作成果优秀与否成正向关联。一部好的乃至杰出的作品问世，也从一个侧面映射编辑人的强大耐心与意志力。

8. 人际交往与沟通力建构

人际交往与沟通力建构，直接关系到编辑工作的成败，需要从很多方面入手。

编辑工作，从某种程度上说，就是"唯马首是瞻"。这里的"马首"，就是指"影响力"。一般而言，做在社会上有影响力的书，就要做有影响力（或具有潜在影响力）的作者的书，方可见成效。学术界的"大佬"，作家里的"佼佼者"，行业里的翘楚，乃是编辑的"阵地"所在、目标所在。他们是时代的弄潮儿，万众的聚焦点，芸芸众生努力的标杆，他们就是"影响力"指数的象征。和这些有"影响力"的各色"人尖"打交道，非一日之功所能达到目标，需要多方面的修炼。当然，也有一些后来被证明是有"影响力"的精品力作，一开始它们的作者却默默无闻。这就需要编辑慧眼识珠，需要编辑训练有素的判断力。

编辑与有"影响力"的作者交往，需要学识的"相配"（至少能对作者研究的领域略知一二，最好更多），性情的"相近"（至少不能反差太大），价值观、品位的"对等"（至少差距不能太大），也就是说首先要把自己努力打造成有"影响力"的编辑，方可胜任，这也是与同有"影响力"作者交往的基础与保障。只有不断夯实了这种基础，才能让交往、沟通更加有效，从而为后期的工作开展创作有利条件。

在出版社内部，编辑与发行人员的沟通，也很重要。如果说，发行人员是前线战场（市场）上冲锋陷阵的战士，那么，编辑劳动所能提供的"产品"（图书）就是"炮弹"。炮弹在战场上能否打得响，威力到底有多大，则取决于编辑工作、劳动的质量。编辑是产品研发的首端，一个好的编辑也应该是"研发"的高手。任何一个有质量的选题，都是一发有市场针对性、有威力的炮弹，这在编辑的心里很清楚。但发行人员要面对的不只是一两个编辑个体，而是一个出版社所有编辑的所有图书产品，这就不大可能让每一位发行人员对出版社每一种产品做到"心中有数"。要解决这一矛盾，就需要编辑与发行进行有效的沟通与合作，在宣传推广、营销造势、渠道发行等环节予以积极配合，只有这样，才能取得最大效益。

面对一个优秀作者，在他（她）迷惘时，编辑若能"点醒"其创作的方向，让其醍醐灌顶、茅塞顿开，那一定是编辑渴望的与作者交往的最高境界。而要做到这一点，编辑就需要全方位了解作者，且能明白在写作（创作）市场上唯独属于"这个"作者的核心优势、亮点及独特性究竟在哪儿，只有这样才能有的放矢，也才能最终让作者信服。因为，确有些作者"不识庐山真面目，只缘身在此山中"，他们对自己的创作核心优势不那么清楚、自知。当然，与编辑工作相关的还有其他很多方面，这些方面都需要编辑具有良好的人际沟通、交往的能力。

9. 文案提炼力建构

编辑的文案提炼力是编辑能力素质的重要一环，它反映着编辑的学识水准及高度概括抽象的能力。文案提炼力建构表现在诸多方面，比如，书稿的内容概括、书名的取法、书腰（宣传）广告语的提炼、写书评文章等等。编辑的文案提炼力从某种程度上也反映着编辑的认知力、判断力、审美力等水准。

书稿内容概括，看似简单，其实不然。以往为报纸推荐新书、撰写内容简介，只要文笔流畅，大致介绍一下书的内容，就算完成任务。现在面临多媒体环境，推荐新书，不仅要具备以上条件,还应考虑内容逻辑的安排怎样适合多媒体形式,考虑如何在海量信息恣意汪洋的瞬间,抓住读者的眼球。这是新阅读环境下一种对编辑综合素质、真功夫的考验。

取什么样的书名,颇费功夫,有时需要集体的智慧,但主要还是编辑的职责。除了对书稿内容的精准把握之外,还要对市场有所洞察与了解。当然我们不是要跟风,但要对读者的审美意识流向做到心中有数。一本好书,加上一个好的书名,就会迅速进入读者的视野。为好书取一个好书名,最大限度地考验着编辑对文本等因素的综合提炼力。

宣传广告语的提炼,也能考验一个编辑的文案功底。好的宣传广告语,如果打在腰封上,呈现在书店里或网上书店的页面,就是一道靓丽的风景线,它既能迅速抓住读者的眼球,也会使读者产生一种审美的愉悦,从而勾起他们对阅读的渴望。这样的提炼,才能真正打动并进入读者的内心,从而产生好的实际效果。

有很多读者往往是看了一篇书评,才产生一次购买图书的实际行动的。如果一个编辑也能成为书评写作的高手,那么自己所编辑的图书的推广与销售,就会如虎添翼。因为除了作者,可以说没有谁比编辑更了解一本新书(正式上市前)了。编辑自己也"会"写书评,就会比市面上隔靴搔痒、不得要领的大部分"书评"更有质量、更可信。

三、编辑人格建构的最高境界是塑造"编辑灵魂"

笔者在 2013 年接受《编辑之友》的沙龙访谈时,首提"编辑灵魂"概念,曾引起编辑出版学专业相关学者的关注,并将它纳入该年度学科领域的成果"新亮点"之一予以概述发表。"编辑灵魂"其实就是指构成"编辑人格"各要素(认知力、情感力、意志力、责任力、审美力等)的有机整合、"协同作战"与高度升华。如果把构成编辑人格的各要素比作一件件乐器,如小提琴、大提琴、小号、大号、双簧管等等,那么,由它们协力合奏出的一曲高亢、激越、华丽、奔放的大型交响乐,就是"编辑灵魂"。加强编辑人格建设,不但要着眼于从整体上提高编辑人格水平与层级,更要着眼于从每个环节、每一要素不断提升其等级与水准,尤其是要针对薄弱环节采取各种办法进行有效提升与重点突破,从而达到补齐短板、让各个要素齐头并进之目的。因为,只有各个要素日臻完善,才能不断向炉火纯青般的"编辑灵魂"之化境迈进。不可想象,一个不入流的小提琴手与小号手加入的乐队,能奏出慷慨激昂、华丽盛大的乐章。由此可见,塑造"编辑灵魂"是编辑人格建构的最高境界。

"编辑灵魂"是编辑人经过长期努力、不断实践、不断精进而锻造出来的,它一定是成熟、优秀乃至杰出的编辑人所具有的职业精神特质。"编辑灵魂"强大的编辑人，一定会在某些方面或多个方面表现突出，甚至是出类拔萃。通过他向社会推出一部部精品力作，他可以是职业的标杆，甚至可以成为时代精神的坐标与符号。我们也可以说，判断一个编辑人、出版人是否优秀（杰出）以及优秀（杰出）到何种程度，就是看他（她）是否塑形了"编辑灵魂"以及他（她）的"编辑灵魂"塑形、修炼到了何种程度。

"编辑灵魂"是从成功的经验累积得来，也由失败的教训磨炼而来。战场上的"常胜将军"，一定是在血与火的洗礼中诞生，具有"编辑灵魂"的优秀编辑也同样来自对图书市场那只"看不见的手"的洞悉与把握。"编辑灵魂"常常表现为一种编辑人行为与意识的直觉，成为优秀编辑人的一种特殊的精神征象。

在当下互联网多媒体转型的环境下，编辑出版人（尤其是传统出版人）表现出了前所未有的焦躁情绪。这种焦躁情绪的蔓延，导致了出版界"编辑灵魂"整体的缺失与"不在场"。审美意识的淡薄或扭曲，带来了出版物的庸俗之气；责任心的缺位，带来粗制滥造与差错率的上升；判断力的下降，导致大量重复出版及资源的浪费；文案力走偏，带来虚张声势的误导；意志力、交往沟通力的式微，导致优质、稀缺出版资源的流失……因此，加强"编辑灵魂"的建构，已经成为业界迫在眉睫的一项任务。

四、编辑人格建构的有效途径

1. 激发内在的使命感、责任感

如前所言，一个社会的精神面貌、精神气象，从某种意义上说，取决于编辑队伍的整体精神状况与精神气象。编辑承担着文化建设与文化繁荣的使命，他选择什么、提倡什么、为社会提供什么样的精神大餐，一定程度上决定着社会文化的走向与命脉。因此，从这个大方面来说，编辑之于社会的价值十分重要。也只有从这个层面不断激发编辑的这种特殊的职业意识，激活他们的"内省力"，让他们在"编辑灵魂"塑造上确确实实多下功夫，才能不负众望。

2. 案例分享

编辑出版界的成功案例数不胜数，甚至每天都有精彩、精妙之处，值得编辑人参照学习。当然，失败的案例也不少，它也应为从业者所重视，并从中吸取教训。笔者以为，案例的真实分享，才是对编辑出版人员最好的"教育"。像任何事情的成功一样，能编出一本业界、读者都叫好的书，并不是偶然的，其背后必有不为人知的"故事"。这些故事或励志能量满满，或抒情意味深长，或蕴含做人做事道理，或在编辑判断力、审美力、责任力、文案力、沟通力等方面能给同人启发，对其他编辑人而言是"编辑灵魂"塑形的最好教材。与此相对照，"失败"案例也能揭示其背后隐藏的某种"必然"，能让从业者少走弯路，能在奋进的道路上少一些试错的教训。笔者了解到，商务印书馆就有这样的"失败"案例教育的"传统"，拿业界或自己身边编辑出版的"失败"说事，不失为一种明智之举。

3. 率先垂范

《论语》中有一句话："其身正，不令而行；其身不正，虽令不从。"俗话说，打铁还得自身硬。因此，编辑出版单位身居领导岗位的从业者应率先成为编辑人格建构、"编辑灵魂"塑造的典范。只有这样，才能保证风清气正，让人信服，才能为工作打开一个新局面。如果身居要职，责任心不强，在判断力、审美力、沟通力等方面不能起到正向的引领作用，事业的发展就会严重受阻，其结局可想而知。

4. 改革体制、机制，正本清源，理顺关系

要充分发挥编辑人员的作用，推动文化事业的繁荣发展，就必须充分调动、激发广大编辑人员的积极性与创造性。而这一切都要靠一套合理的体制与充满活力的机制做保障，否则一切无从谈起，就可能成为水中月、镜中花。合理的体制与充满活力的机制的建立，应尊崇出版及文化事业发展的规律，尊崇人才成长与管理的规律，一切以人为本，建立一套

科学的人事管理制度。

5.建立开放式编辑课堂，激发创新意识

互联网多媒体信息化时代，为人们的终身学习创造了前所未有的便捷条件。编辑出版人员也应不断"充电"，只有不断开阔视野，不断汲取思想的营养，才能激发潜力，保持活力，充满创造的精神。传统出版的发展趋势、新媒体的发展前沿、业界新事物的诞生、新翘楚的出现等等，都应成为关注、交流的内容。因此，建立开放式的编辑课堂，不断焕发新的活力，是编辑人格建构的有效途径。

五、编辑人格建构是一项长期的系统工程

编辑人格建构是一项长期的系统工程，具有复杂性与长期性、现实性与紧迫性、稳定性与前瞻性等特征。

1.编辑人格建构的复杂性与长期性

从"编辑"作为一个行业、一种职业来看，从事编辑工作的人有多种。从技术层面划分，有传统媒体编辑，如报纸编辑、杂志编辑、图书编辑、广播电台编辑、电视编辑等，有新媒体编辑，如各种平台网络编辑等；从编辑出版过程中各自承担职责的不同来划分，有文字编辑、策划编辑、营销编辑等；从年龄结构及入职先后划分，有老编辑（资深编辑）、年轻编辑、新编辑等；从传统学科划分，有文科编辑（文学

编辑)、理工科编辑等;从学术视野划分,又有学术编辑及非学术编辑;从努力程度、工作成果及影响来划分,又有所谓"优秀编辑"与"一般编辑"之分;从"修炼"程度来说,又有"编辑家""编辑匠"之说。凡此种种,足见其"复杂"。但虽"复杂",编辑的人格建构应有宏观层面及整体性、普遍性、一般性的要求。除此之外,还应更多考虑在什么情境下谈"人格建构",面对的具体主体(个体)是什么,它有哪些特殊情况,需要解决的主要矛盾又是什么,等等,切忌泛泛而谈,一概而论,应根据具体情境,制定具体的"建构"任务。

编辑的人格建构也是一个不断向前推进、发展的动态过程,不会一蹴而就、一劳永逸。它需要从业者随着社会的发展、变化付出持续的努力。可以说,编辑的人格建构永远在路上。

2. 编辑人格建构的现实性与紧迫性

自从人类开始进行思想创造并试图传承、传播以来,"编辑"这个行业就诞生了。可以说,编辑事业古老而常青。说它古老,是说这个行业的历史悠久,一代一代的编辑人,前赴后继,传承着人类的精神命脉,从未中断。说它年轻,是说这个职业在不同的时代面临着不同的课题与挑战。不论什么环境下、什么性质的编辑,他总是某一时代条件下的编辑,社会的变革、经济的发展、文化的繁荣、理论的创新、技术的突破,都对编辑提出了更高的要求。面对这些时代的挑战与要求，编辑也应作观念与素质的自我革命，才能不断焕发新的生命力。当下出版环境发生了剧烈的变化，尤其是随着新媒体技术的迅猛发展，传统媒体面临着全方位转型的巨大压力。在"新""旧"摩擦之间，传统编辑进退失据，人才队伍流失严重，从而暴露出许多亟待解决的问题。就新媒体而言，普遍素质不高，入职门槛较低，粗制滥造甚至一些低劣的文化产品一度大行其道，广为流布。整个编辑出版界普遍存在着编校质量下滑、重复出版、效率低下、库存积压、浪费严重等不良现象。放眼望去，虽然新旧媒体编辑从业者芸芸，但"编辑家"严重缺位，这已成不争的事实。这一切都表明，当下编辑的人格建构似乎出现了较为严重的问题。而要解决这些现实问题，加强编辑人格的建构或重构，显得尤为紧迫。

3. 编辑人格建构的稳定性与前瞻性

我们知道维系一座宏伟大厦屹立不倒的因素主要有三个：牢固的根基，坚硬的材质，合理的结构。如果把编辑工作比作一座延续千年的宏大建筑，那么，不妨说维系编辑这个事业的，也要依靠三个要素：传承文化的使命感与责任担当、坚强的毅力以及精神的"合理"建构（责任力、认知力、判断力、审美力等一应俱全）。正是由于编辑群体的这种"精神建构"基本面（主干）代代相传，才有了今天我们拥有的丰厚的精神财富。这是稳定性的一面。在"稳定"的同时，时代的变幻、角色的转换等等，要求编辑人格建构的外延趋于扩大，内涵也日趋丰富。比如，《现代汉语词典》（第七版）对"编辑"活动的解释是："对资料或现成的作品进行整理、加工。"这里仅仅把编辑工作解释为文案（案头）工作。这也是传统社会很长一段时间内对"编辑"活动的定义。但随着社会的发展，文案外的"策划""营销"活动，也被纳入"编辑"活动的应有之义，显然这是对传统意义上的"编辑"活动的丰富与发展，这也成为当代编辑人格建构不可或缺的内容（策划营销中的判断力、沟通交往力等）。新技术浪潮催生的新媒体的迅猛发展不可遏制，是大势所趋，这也对"传统编辑"提出了新的挑战。面对前所未有的新的媒体平台，编辑的环节、手段及运作方式也发生着较大或质的变化，编辑要努力适应这种转型与变化。作为时代精神的传播者与瞭望者，编辑要有这种敏锐度与前瞻性。

（本文刊于《编辑学刊》2019年第1期，发表时有删节）

当"编者"遇到"编者"

这篇论文的诞生,纯属偶然与巧合。就其论题来说,这篇文字与编辑的具体工作,似乎关系不大。但我为什么要写这篇文章呢?主要是出于评职称要求的考虑。这种"功利性"的写作,现在看来还真是"人间值得"。一是它让我收获了对某些问题的深入思考,思有所得。我认识到,所谓绿色出版,现在和将来,应是一种常态化的存在;二是让我近距离地感触到同样是一位"编者"的职业温度。

写这篇文章,触发了我对一些问题的深入探究与思考。比如平常所说的绿色出版,人们在讨论它时,一般是停留在外在的物质层面,强调的是其"物质形态"的绿色环保,这与国家进入高质量发展阶段的根本要求相一致。但我认为绿色出版更重要的是指出版的内容。我们常说,生命之树常青,常青的人的生命,需要积极向上、奋发有为的精神底色做支撑。出版人应不断向社会提供鼓舞人心,催人奋进,让生命起舞、激扬的出版物,这是绿色出版的题中应有之义。事实上,优秀的出版人一直在努力践行着这样的职业追求。还有,绿色出版一定是讲究效率的出版,而当下正在兴起的"融合出版"——多媒体整合出版而构建的一种"大出版"新形态,使得内容的传播效能大大提升。可以说,融合出版是绿色出版的一种最好的表现形态。

在一次作家研讨会上,我与《鄱阳湖学刊》的主编胡颖峰女士相识。在交流中,我们彼此留下了较深的印象。胡女士主编的《鄱阳湖学刊》,是一份主打绿色文明主题的学术期刊,以"传播生态思想,弘扬生态文化,发展生态经济,建设生态文明"为办刊宗旨,办刊十余年,已取得许多骄人的成果。

那次会议之后不久,我打电话给胡女士,表达了要在她的刊物上发表一篇论文的愿望。胡女士温文尔雅,语气平和地答道:我们一直想发一篇关于绿色出版主题的论文,那么你就写这方面的吧。我随即答应下来。这样,评职称还需要的一篇论文指标,便有了着落。

经过资料搜集、思路整体,我于一个多月后拿出了初稿,文章标题是"绿色出版:从物质形态到精神内涵",篇幅大约6000字。我将初稿微信发给了胡女士。很快,胡女士在百忙中作了如下回复:"李老师,您好!您的稿子认真拜读过,论题很好,正好可以结合二十大精神关于双碳目标、绿色发展等论述再作修改充实，可作为重要主题出版论文尽快刊出。还要辛苦您再补充些内容，目前只有6000余字，内容有些单薄了。我们一般要求论文在1万字以上。非常感谢您的支持！"这段回复，信息量较大。首先对我做了肯定，说"论题很好"；其次，要求密切结合国家领导人在二十大报告中有关绿色发展的重要论述，契合国家高质量发展大的战略，文为时而著嘛；三是可作为重要主题论文尽快刊出；四是要修改充实，篇幅要扩大一倍多。这些信息，对不太擅长写论文的我来说，喜忧参半。作为一名作者，我既感到兴奋，也充满沮丧。兴奋的是，我曾投出去的"论文"，到目前为止还没有收到过如此的"厚待"，"论题很好""重要论题，尽快刊出"——来自严肃学术刊物主编的"高度"评价，给了我莫大的精神鼓励，甚至这让我有几分飘飘然，有点"受宠若惊"。令我沮丧、焦灼的是，我已经孤灯枯影地熬了一个多月，竭尽所能地"熬"出这6000字"鸿篇巨制"，可以说已经搜肠刮肚、倾其所有了，哪还能再"充实"呢？再说，修改、补充的方向又在哪里呢？正在煎熬之际，胡女士又发来微信：修改建议在原文中都用黄色标注。要补充的内容有三大块："补充引言——从二十大报告关于绿色发展的论述切入，引述出版业绿色发展的重要意义"，"补充二：中国绿色出版现状"，"补充三：中国绿色出版的未来发展（对策建议）"。她还建议将论文标题修改为"碳达峰碳中和目标下中国绿色出版的发展策略"。关于参照二十大报告的版本，她又附上一句："报告论述以《人民日报》刊文为准，我传份电子版给您。"怕我有畏难情绪，胡女士像是有第六感似的，接着又发来一条信息："补充内容主要是收集一些国内好的绿色出版降碳方面的案例，到时我也会帮你改。"看到这里，我心里想，有主编保驾护航，我还有什么可怕的呢？！正在修改的过程中，我又十分及时地收到胡女士发来的信息："好稿都是改出来的，我相信您能改好。"呵呵，看到这里，改稿的元气真是满满的了！

因为有了明确的参照、修改、补充的方向，加上有外在力量的鼓舞、推动，我处理起来十分顺利。不久，我将焕然一新的13000多字的文稿，信心十足地传给了胡女士。

过了一段时间，胡女士发来微信："李老师，你的稿子已排，现将电子校样发给你看看。我作了些调整修改，看看妥否。"随微信发来的，是稿子排好初版的电子稿——PDF 文件。我通读完全稿，相较之前，深感文章经她的指点、修改及又一番布局调整，结构更显合理，内容更加饱满充实，主题更加宏大，视野更加开阔。

过了几日，我又接到胡女士的微信："李老师，今日安好？我们编辑部现在只有我一人'阴'着，其余全'阳'了，编辑工作进展缓慢。你的稿子的摘要我最近又作了些修改，还请您看看,谢谢!"那时疫情管控刚放开,很多人相继都"阳"倒在家里。我也未能幸免。在病榻上我读着胡女士的来信,眼睛湿润了,我仿佛看到了一座坚硬的孤岛兀自矗立的身影……得知我"阳"了之后,她立即转发有关权威专家的防疫防护建议,我也发去鼓励她战役的豪言壮语:"坚持不倒下,注意休息与防护!"她立即回复:"争取坚持到出刊!"

之后,胡女士发来信息:"李老师,您好!我们第6期杂志已下厂,现传来电子版,还请提供您的详细地址、身份证号、手机号、银行账号和开户网点,以便我们给您寄样刊和稿费,再次感谢您的大力支持!"至此,本篇论文发表一事,尘埃落定,画上了一个圆满的句号。

做编辑很多年了,但这次作为一名作者,与胡女士互动交往的过程倍感亲切、温暖。春天来临,我推开窗户,看着一朵花的盛开,就仿佛看到在和煦春风的沐浴下催开的一个人间笑靥。作为编辑同行,我也深感惭愧,相比如胡女士般的默默付出,我做得远远不够啊!

一份杂志,每年有数期,每期有数十篇文章,胡女士那得有多少辛勤的付出啊!

我由衷地写下这样一句话,表达我的真实感受:"胡女士好。你的专注、敬业及专业水准着实让我敬佩!我曾写过大大小小的文章,没有哪一次像这次与你的合作一样,让我收获良多，精神如此愉悦！感谢你的辛勤付出！"

在胡颖峰主编的带领下，《鄱阳湖学刊》取得不少辉煌业绩。其中国家哲学社会科学文献中心授予的两项荣誉，更是实至名归，引人注目。它们分别是：2016—2021 年最受欢迎期刊、2021 年度环境科学最受欢迎期刊。

附文 碳达峰碳中和目标下中国绿色出版的发展策略

在中国特色社会主义现代化建设新时代，实现高质量发展是中国式现代化的本质要求，而要着力推动高质量发展，必须走绿色环保、低碳、可持续、与自然和谐发展之路。习近平总书记在党的二十大报告中强调，"推动经济社会发展绿色化、低碳化是实现高质量发展的关键环节"，为此要"加快发展方式绿色转型"，"推动形成绿色低碳的生产方式"。[①] 传统出版业作为人类传统经济活动的一部分，是典型的能源消耗密集型行业，是资源与能源消耗的"大户"。推动传统出版向绿色出版转型，推动能源清洁低碳高效利用，不仅是实现碳达峰碳中和目标的重要途径之一，而且关乎人民日益增长的更高层次的精神发展需求，意义十分重大。

一、绿色出版的概念及特征

（一）低碳经济社会呼唤绿色出版

工业文明的发展，推动了社会生产力的巨大进步。马克思、恩格斯在《共产党宣言》中说："资产阶级在它不到一百年的阶级统治中所创造的生产力比过去一切时代创造的生产力还要多，还要大。"② 而社会物质文明的巨大发展所带来的不利影响，就是对地球资源的过度开发和对环境的巨大破坏。生态失衡让人类遍尝苦果，不断遭到来自自然的惩罚。这种"破坏－惩罚－再破坏"的恶性循环，虽然由于人类的理性纠偏行动程度有些缓和，但并没有看到结束的迹象。据报道，自1990年至今，地球有4.2亿公顷的森林遭到砍伐，或林地被转用于农业及其他基础设施建设，森林面积持续减少。③ 一方面，森林遭到砍伐，面积逐步减少；另一方面，二氧化碳气体的大量排放，导致温室效应不断加剧，地震、台风、泥石流等自然灾害频繁发生，地球家园屡遭重创。2022年世界各地相继出现了极端天气，罕见的高温让居住在世界不同地域的人们备受煎熬。人是万物的尺度，一切因"人"而改变。为了人类的健康与可持续发展，推动传统经济模式向绿色低碳经济模式转型，建设绿色低碳社会，已然成为全人类共同的呼声。

传统出版业由于能源消耗和碳排放量大,以及纸张印刷过程等产生较为严重的污染,其呈现的一大典型特征是"三高一低",即高能耗、高排放、高污染、低效益。有数据显示,地球上每年被砍伐的森林多达 730 万公顷,而其中有 40% 被加工成纸浆,最终成为书本、杂志和纸张。这一消耗能源的过程中,会排放大量有毒气体和工业废物,严重污染环境。有学者统计,每出书 10 万册,就要消耗掉近 500 棵大树,这个数字是非常惊人的。④ 因此,推动传统出版向绿色出版转型,实现出版业的可持续发展,势在必行。

(二)"绿色出版"概念的提出

"绿色出版"概念于 21 世纪初诞生于西方社会并迅速流传开来,继而传入中国。它的含义有多种表达。德国的杰拉尔德·杰克逊和玛丽·莱斯特路普在其著作《出版》一书中把"绿色出版"概述为"环保、可持续的出版"。⑤ 这一定义提出之后,在业界获得广泛认可。所谓"环保",就是有利于保护环境,在出版活动的各个环节确保节能、低碳、低污染;所谓"可持续性",指的是出版活动以环境友好为前提,就是既要发展社会经济,又要保证环境免遭破坏,在发展与保护二者之间寻求平衡。国内也有学者指出,"绿色出版"是在科学的编辑思想与管理理念指导下,运用现代科技手段,立足于健康文明的人文生态和节能环保的自然生态进行可持续性发展的出版活动。⑥ 这一概述强调现代科技手段在绿色出版活动中的重要作用。还有学者赋予了绿色出版更多的内涵，认为绿色出版是运用现代科技手段，以文化的可持续性发展为基础的，健康、节约、环保和数字化集约化的一种大出版形态。⑦ 其中，"数字化"是一种基于互联网技术发展而来的新型出版形态；"集约化"是指这种新型出版形态所具有的高效率、所产生的高效益；"大出版形态"是指既包括升级换代、符合绿色出版要求、践行绿色出版理念的传统纸质出版，也包括发展迅猛、代表未来出版发展趋势与方向的数字化出版。还有学者用一种更加简洁明了的表述为"绿色出版"把脉，认为"符合低碳经济要求，追求人文发展与自然生态和谐共存的出版，就是绿色出版"。⑧

综上所述，绿色出版应具备的特征是：低碳节能环保、数字化集约化和可持续性。它建立在现代科技发展基础之上，以追求人文发展与自然生态和谐共存为最终目标，与低碳社会发展的要求同步。与传统出版相比，数字出版具有明显的优势，代表着出版的未来方向，是典型的绿色出版。在当下数字出版与传统纸质出版共存的条件下，不断优化和升级转型、符合低碳要求、节能环保、可持续的传统纸质出版，也属于绿色出版。

(三)绿色出版的特征

1. 低碳节能环保

与传统出版的"三高一低"即高耗能、高排放、高污染、低效益的特征相比,绿色出版表现出"三低一高"的特点,即低能耗、低排放、低污染、高效益。绿色出版为减少对能源的消耗,保护森林资源,倡导采用再生纸制作出版物。所谓再生纸,是以废纸做原料,将其打碎、去色制浆,经过多种工序加工生产出来的纸张。其原料的80%来源于回收的废纸,因而被誉为低能耗、轻污染的环保型用纸。[9] 世界第一本使用通过森林管理委员会(FSC)认证纸张(环保纸)印刷的图书于2005年在德国出版。2008年,天津教育出版社出版的《阿米:星星的孩子》一书,全部采用再生纸印刷,是中国第一本环保图书。

印刷也是传统出版的重要环节。绿色出版要求改进以往的落后印刷工艺与污染环境的耗材。在印刷过程中使用环保型油墨,印刷过后选用环保型胶黏剂,积极倡导实施低能耗低污染的绿色印刷。目前,我国面向广大中小学生的教材印刷,都实现了绿色印刷,以确保广大青少年的身心健康免受损害。

在绿色出版理念指导下,按需出版并适时推进出版领域的供给侧改革,将是一个必然趋势。在传统出版领域,由于种种原因,导致出版社库存积压严重,而且还有不断加剧的态势。图书库存积压不仅占用和浪费大量森林资源,还在纸张生产过程及印刷、运输中产生了大量碳排放、污水排放,污染了环境。按需印刷及推进供给侧改革,可有效减少浪费与污染。目前,按需印刷技术已经完备,条件已经成熟。因此,推进供给侧改革,优化出版选题结构,提高出版选题质量,减少低效重复出版,可有效利用资源,减少浪费,保护环境。

2. 数字化集约化

建立在现代科技发展基础上的数字出版,是绿色出版的重要组成部分。它发展迅速,方兴未艾,代表着未来出版的趋势与方向。与传统出版相比,数字出版是一种出版的新形态,它具有很多优势:无纸化,节约宝贵的森林资源;无仓储,一切都在云端;无运输能耗(相对于陆路火车、汽车运输而言),零排放。就绿色出版的本质而言,数字出版既环保,又可持续,其效率之高、效益之大,是传统出版所不能比的。

绿色出版的集约化体现在两个层面:一是数字出版的集约化。数字出版可以无限复制,传输也是即时即刻,可以随时随地对内容进行加工、改编、整合等,效率极高;特别是同一种内容可以根据不同的需要进行不同的加工处理,以发挥内容的最大使用效应。二是符合绿色理念的传统纸质出版,不再片面追求产量、品种的多少,而是追求单一品种的效益。简言之,就是减少投入,减少能耗,提升效能。这就要求优化品种结构，精益求精，在优化了的单品种图书上下功夫，以最少的投入，获得最大的收益。这就需要从出版选题立项到宣传营销等诸多产业链上精耕细作，而不再采取"粗放经营"的方式。绿色出版一定是精品迭出、佳作频现的出版，而不是单纯地开发了多少种选题、出版了多少种图书。

3. 可持续性

传统出版由于对资源的依赖和对环境的破坏，其存在与发展不可持续。人类的资源是有限的，如不加节制，总有一天会被消耗殆尽。传统出版活动的过程会产生大量碳排放，因而会对环境造成严重的污染与破坏。人类家园如毁于一旦，出版还有什么意义呢？所以，传统出版必须转型。绿色出版倡导并遵循环保理念，利用现代技术手段，革新出版技术与耗材，并积极推动数字化出版，促进出版形态的升级换代，这一切都表明，绿色出版是可持续的。

二、中国绿色出版的现状

近十几年来，中国绿色出版从无到有，从理论到实践，从理念推广普及到基本制度建设，均取得长足进步。

（一）政府推动，行业响应，绿色出版开花结果

随着低碳生活理念的普及及公民环保意识的增强，绿色出版早在21世纪初就开始在国外流行。2000年，绿色和平组

织在加拿大呼吁写作者与出版机构使用森林友好型纸张印刷书籍，从而拉开了人类历史上绿色出版的大幕。所谓森林友好型纸张，就是再生纸，即经过环保组织认证达到污染排放标准的草浆纸。此后经过 10 年的发展，欧美国家的绿色出版形成一定的规模，热点、亮点频出。美国专门成立绿色出版倡议协会，积极推动绿色出版，加拿大有 100 多家出版商、英国有 60% 的出版商承诺使用再生纸印刷书籍。曾畅销全球的《哈利·波特》系列图书的印刷及纸张的使用，也被称为是英国绿色出版的典范。《哈利·波特》一次的发行量就达到千万册，其印刷所使用纸张的三分之二来源于再生纸，这一次的印刷量就相当于 20 万株大树免遭砍伐，也减少了 800 万公斤温室气体排放。[10]

大约在 2010 年前后，绿色出版理念及行动开始影响我国。在政府及相关行业协会、组织的大力倡导与推动下，绿色出版迅速在我国出版界、印刷行业铺开，并逐步走向深入。早在 2008 年第十五届北京国际图书博览会上，组织者率先提出了"绿色书展"的倡议，这在中国是第一次将"绿色"与"书"相连、"绿色"与出版挂钩，而且这也是"第一次"在大型书展活动上"闪亮登场"。组织者携手国际环保组织，发起"爱书人爱森林"活动，呼吁出版业和印刷业使用森林友好型纸张（即再生纸）印刷书籍，同时鼓励作家支持绿色出版。[11] 在

照亮自己
—— 我的编辑世界

2010年举行的一次高规格的"书业观察论坛"上，国家新闻出版总署有关领导呼吁中国出版界以实际行动承担保护环境的责任，这一呼吁激起出版界的响应，并在业内掀起热潮。为配合绿色出版付诸行动，环保组织还在此次论坛上推出了《爱书人爱森林绿色出版指南》，向中国出版业详细介绍什么是环保纸张，环保纸张的分类、等级，实践绿色采购的步骤，以及可能遇到的困难及解决方案等。此次活动标志着中国出版业已正式进入绿色出版的实质性阶段。[12]

为解决绿色出版实践中效率低下、各个环节相脱节、"不兼容"的问题，2014年10月，中国出版协会出版材料工作委员会举办绿色出版研讨会，提出要开动"绿色出版列车"，号召各出版环节密切配合，形成完整的"动力系统"。会上有专家形象地提出：一本书的产生，如同盖一栋楼。印刷企业是施工单位，出版社是设计者，供应商负责提供材料，书本的质量是由材料供应商、出版社、印刷企业和质量监督单位共同保证的。专家的这番话，得到了与会者的广泛响应。[13]

在中国出版业绿色转型的关键时期，为充分发挥出版社在绿色出版中的龙头作用，中国出版协会于2015年向全国出版界发出《绿色出版倡议书》，倡议全行业行动起来，推动绿色出版事业不断向前发展。倡议书指出，出版社是整个出版产业链的源头，出版人要从自身做起，自觉贯彻低碳经济理念，倡导绿色出版，带头向造纸业、印刷业乃至图书销售业发出号召，带动我国整个出版产业链的"绿色化"。⑭

经过十几年的努力，绿色出版在我国开花结果，我国出版业在全面迈向绿色出版的康庄大道上阔步前进。目前，我国大部分出版企业都严格遵循绿色出版的要求，在绿色环保的标准之下开展业务活动。作为印刷品施工单位的印刷企业及材料提供商的造纸企业，目前也都严格实行绿色准入认证管理制度。印刷企业、造纸企业只有获取国家绿色企业标识，才能进行生产活动。而要获取绿色标识，就必须在生产环节、材料制造及污水排放等各方面都达到国家环保标准与要求。而且，这种绿色标识的获得，对企业来说也不是一劳永逸的。每年或每季度，环保监管部门都要对相关企业进行抽样、评估，对不符合环保要求的会进行处罚，甚至吊销绿色认证标志。目前，国内的印刷企业也大多开展数字印刷业务，按需印刷也得到普遍推广，减少了环境污染物的排放。

（二）出版业自觉行动，将绿色出版逐步推向深入

在中国绿色出版的伟大实践中，涌现出许多可圈可点的行业标杆。

被誉为中国环保第一书的《阿米：星星的孩子》早在2008年8月诞生。这部畅销小说讲述的是一个叫阿米的外星少年造访地球的故事，由委内瑞拉作家巴里奥斯（E.Barrios）

于20世纪80年代创作完成。"没有一棵树因为此书而倒下"，这是中国出版者的宣言。该书首印5万册，100%使用再生纸印刷，这意味着挽救了313棵大树，节约了11000度电、1840立方米的水，少用了5500公斤的化工原料；而如果这些废料被当作垃圾填埋，将会浪费73.4平方米的土地，释放68公斤的温室气体。⑮

为树立绿色出版理念，躬行绿色出版实践，最大限度保护青少年的身心健康，带给孩子们最绿色、最环保、最健康的图书，接力出版社早在2010年成立20周年之际，就不仅脚踏实地践行绿色出版理念，还率先向全国的出版界同人发出《少儿图书绿色出版倡议书》⑯。他们倡议，在少儿图书出版中使用环保用纸，即使用我国自主研发的草浆、秸秆等环保用纸，保护古老的森林，减少碳排放。期待"每天清晨，当孩子们捧着美好的书籍阅读时，窗外飘来森林的清香"。他们倡议，在少儿图书出版中使用环保油墨，避免使用传统低劣的油墨及溶剂中含有大量的苯环类高度致癌有毒物质的油墨，采用无毒、无害、无污染的水性油墨、UV油墨、大豆油墨和醇溶性油墨等环保油墨，确保少儿身心健康不受损害。他们倡议，在少儿图书出版中使用环保覆膜工艺，如UV上光、预涂膜、水性覆膜等，最大限度减少覆膜给环境造成的不利影响。传统的覆膜工艺可使图书封面平滑光亮、耐污耐磨，但会影响读者健康，也难以回收利用，造成环境污染和资源浪费。他们还倡议，在少儿图书出版中积极探索开发"数字读物"，让新技术发展在少儿出版活动中发挥积极作用，从而最大限度地减少对环境的破坏。数字出版、数字读物相较于传统的书籍阅读与出版，确实有不少优势，从环保角度看，它可减少对森林的砍伐，减少碳排放，减少污染。接力出版社的倡议得到国内出版界尤其是少儿出版界同人的热烈响应，同行一起努力，将中国少儿出版推到了一个绿色出版的高地，从而为万千少儿读者带来了福音。

2022年8月，在第三届江苏印刷业创新发展博览会上，江苏凤凰文化贸易集团公司展示了他们自创的浆板儿童画，吸引了不少读者及业内人士的关注。这是用他们自己研制的绿色原料印制的儿童画册。该企业主营绿色出版物资，包括环保纸张、绿色印刷设备及绿色印刷耗材，同时提供木浆、木片、废纸等绿色原料给国内外相关企业。在博览会上，该企业竭力推荐一种环保用纸——华泰原生纸，这种纸全部采用原生木浆，不添加传统原料增白剂，表面采用特殊工艺，避免了印刷粉尘对环境的污染，选用色温4000—4600K的嫩黄颜色为主色调，可以缓解眼睛干涩疲劳，有利于保护青少年的视力。他们还展示了一本绿色环保书的整个印刷、装订过程，从封皮印制、纸张选择到装订用胶、印刷油墨都无毒无害，充分体现了绿色环保的理念,让绿色出版全景式、直观地呈现出来。该企业开展日常业务活动,往往从源头的原料选择着手,从众多产品中严选、优选符合环保要求的高品质纸张、油墨、橡皮布、热熔胶,确保绿色出版生根落地。一旦有书报废了,他们便组织回收到纸厂,和出版产业链上游的造纸厂开展废纸、废料方面的合作,让它们变成可再生资源,这样就形成一个闭环。从原料到废料,已然形成一条完整绿色的出版链条。这家印刷企业被誉为绿色出版的标志性单位,成为闭环运作、形成整个绿色出版链的绿色环保明星企业,也是中国绿色出版向纵深发展的里程碑式样本,为出版界、印刷界所瞩目。[17]

当前,环保浪潮席卷中国大地。2020年9月22日,习近平主席在第75届联合国大会上宣布,中国力争2030年前二氧化碳排放达到峰值,努力争取2060年前实现碳中和目标。为实现中国政府向世界承诺的碳达峰碳中和目标,履行大国责任,中国出版业砥砺前行,以实际行动,将绿色出版逐步推向深入,为"双碳"目标的实现,自觉地作出了自己的贡献。

三、未来中国绿色出版的发展策略

中国绿色出版在取得成绩的同时,一些问题和不足也逐步显露出来。如:印刷企业为节省成本、减少支出,偷工减料、粗制滥造的行为时有发生；个别造纸厂污水治理不达标，甚至避开监管，偷排污水、污物，严重污染环境；一些不法出版商受利益驱动，偷印、盗版行为屡禁不绝，且不说盗版所用材料低劣影响读者的身心健康，不向作者支付版税稿酬也严重侵犯创作者的利益，挫伤他们创作精品佳作的积极性；缺乏整体大局观的部门本位现象依然存在，协调配合不够到位，环保链条不连贯，甚至在某些环节中断；数字出版影响力越来越大，但整体效益不高，很多传统出版企业在数字出版领域的盈利模式尚在探索之中；绿色出版理念日渐深入人心，但绿色出版的编辑队伍整体水平和素养与时代发展的要求尚有较大差距；国家对绿色出版的扶持政策的系统化建设也尚在路上；等等。为此，中国绿色出版的未来发展，需要以习近平生态文明思想为引领，着眼于碳达峰碳中和目标的实现，正视绿色出版实践中存在的问题，积极采取相应的发展对策。

一是要强化自律意识，推动绿色发展在全社会广泛传播。美丽中国目标实现的根本保障或前提条件就是"广泛形成绿色的生产生活方式"，但在出版界，绿色出版取得不俗成绩、形成一定规模，得益于一系列保障制度的建立与支撑，离开制度的约束、监督与规范，绿色出版所取得的成果将大打折扣，或者说绿色出版从根本上就无从谈起。制度是必要的，它具有导向作用，在某种程度上可以塑造人、改变人的行为与观念。但刚性的制度毕竟是外在于人的，就约束而言，是他律。而要将绿色出版内化为人们自觉的行为习惯与生产生活方式，才能将绿色出版的他律转化为自律。某种意义上可以说，普遍自律下的绿色出版才是真正意义上的绿色出版，绿色出版也才能真正实现，因为这样的绿色出版已然成为人们生活中不可或缺的一部分。正如习近平总书记所指出的那样，我们"要像保护眼睛一样保护生态环境"。[18]自律下的绿色出版，也应该像每个人对待自己的眼睛一样，对待绿色出版。而他律下的绿色出版，只要在制度管理与规范的薄弱环节，就有人会出于对不当利益的追求偷工减料、偷排污水、粗制滥造。因此，不仅作为绿色出版防火墙的刚性制度要加以维护与完善，绿色出版的观念也要持续深入普及。政府与社会组织要抓住一切时机宣传推广绿色出版理念，而且方式方法要与时俱进。要利用互联网多媒体技术让受众增强"沉浸式"体验，从而取得更好的效果。出版从业人员也应担当起社会责任，推动绿色发展理念在社会的广泛传播。只有这样，才能最终广泛形成绿色的生产生活方式。

二是在系统性观念指导下，推动绿色出版向前发展。实现碳达峰碳中和目标是一项社会系统性宏伟工程，需要社会各部门各环节的密切配合。出版业作为社会百业中的一分子，在推动社会碳达峰碳中和目标实现的进程中，除了自身实现绿色变革、广泛而深入地将绿色出版落到实处之外，最重要的就是依靠自身实践、发挥行业功能优势，多出版一些优秀的环保主题读物，从而让绿色环保理念深入人心，成为人们自觉的生产生活方式。这也是绿色出版的题中应有之义。例如，2022年8月接力出版社出版了一本以中国本土绿孔雀生态环保为主题的绘本《绿孔雀：我的家在哪里》，该绘本向孩子们形象地讲述一只野生绿孔雀曲折动人的故事，其生活习性、成长过程、生态环境也一一被形象逼真地展示出来。该绘本还阐述了近些年绿孔雀减少的多种原因，以及我国政府、社会组织等为保护这个美丽物种所作出的努力，有利于小读者更多地了解、关注和保护我国的珍稀动物，懂得敬畏自然，保护地球家园。[19] 这种"系统性"还表现在出版产业内部各种活动及环节的统一步伐、统一思想、统一目标上。如果把绿色出版比作一列动车，它的启动需要上、中、下游多部门的合力，而居中的出版社则是主动力发动者。在出版的整个产业链条上，出版社处于核心地位，要切实发挥好对产业上下游企业的统领作用，对上游的材料供给方（造纸厂）及下游的印刷厂都要严格要求、把关，在绿色出版中担当中坚力量。而在某一家具体的出版企业内部，也要建立一个绿色链条（系统），形成一个闭环，使企业生产活动的每一环节都在这条绿色链上，从而确保整个系统的"绿色"。实践证明，推动中国绿色出版继续向前发展，必须具有系统性观念。只有时刻具备这种"系统"观，广泛而深入的绿色出版、绿色社会才能最终建立起来。

三是要建立一套完备的政策体系，长期扶持绿色出版。实现产业的全面绿化，离不开国家相关政策的引导与扶持。早在多年前，为鼓励新能源汽车的生产与推广，国家对新能源电动汽车产业给予积极的优惠、补偿政策。一方面对生产企业给予各项税收政策优惠，另一方面对一般消费者也给予购车款项的补助。这项优惠政策效果显著，如今越来越多的消费者已认同这种对环境友好的汽车消费理念。对于绿色出版产业，国家在税收方面也采取了一定的优惠措施，确保了绿色出版落到实处。国家鼓励出版企业优先采购再生纸，因为再生纸的生产原料80%来源于回收的废纸，是对原用木浆的再次处理与利用，这就节约了树木资源，保护了森林。由于再生纸是对废纸的回收加工，其成本要略高于传统的原浆纸的5%—10%。随着推动绿色出版的新技术、新工艺的不断开发，出版的投入成本也会相应增加。因此，建立一套系统完备的鼓励与支持绿色出版的政策措施很有必要，它直接关乎绿色出版的未来可持续性发展。

四是要在"大出版"观下，打造优质高效的多媒体融合出版平台。与传统出版相比，数字出版因其具有资源复用、内容增值、环境友好等优势而广受推崇，也代表着未来出版的方向，自诞生之日起就天然地具有绿色出版的特性。数字出版是建立在互联网信息技术发展基础上的新的出版形态，随着技术的不断发展，它的形态也会逐渐走向丰富与完善。融合出版是数字出版发展到一定阶段，融合了传统纸质出版、互联网出版在内（以数字出版为主）的多种出版形式的有机整合出版形态，或可以说是一种"大出版"形态。这种新的"大出版"形态目前仍处于发展的初级阶段，但因其整合而带来的无限想象空间日渐显示出异常广阔的发展前景，值得业内期待。融合出版强调不同媒体的兼容，强调发挥各自的优势与特长，针对不同的受众，共同为一个（种）内容的传播与呈现服务。当然，它不是简单的1+1=2，而是1+1>2，因此，内容的辐射面大大拓宽，传播效率也大大提升。如果说传统出版是平面、单向传播与辐射，那么融合出版就是立体、多维传播与辐射。因此，打造高端的融合出版平台，建立优质的融合出版生态，发挥其强大的辐射力，是绿色出版向纵深方向发展所必需的。

五是要重视绿色出版的内容，为精神健康成长保驾护航。出版活动同一般的人类生产活动一样，其直接的成果表现为物质产品。但人类的出版行为不仅仅是物质生产活动，它同时又承载着人类社会的精神生产职能。以往人们谈论绿色出版更多是停留在其作为物质生产活动的层面、技术的层面以及可感知的层面,即:突出与强调改善人的外在环境,使之符合低碳社会发展的要求,让人与自然和谐友好相处;要求革新技术,实现出版形态由传统出版向数字出版转型(由纸书到云端的内容载体迁移);采用森林管理委员会认证的纸张或再生纸印刷(材料性质发生变化);印刷工艺流程绿色化及油墨(改进技术、材料)实现无毒化、低能耗、低污染(无污染)等,与低碳经济、低碳社会的要求相一致。其实,绿色出版更关乎内容,它要求出版的内容也要"绿化",因为与出版活动的物质层面相比,出版物的内容(精神内涵)更关乎社会每一个个体的精神成长及社会的精神文明建设。一个人的阅读史就是其精神发育史、精神成长史,一个民族的阅读史更关乎一个民族的精神发育与成长史。绿色出版的内容即负载的精神内涵,必须是健康的、文明的,应该以促进社会每一个人乃至一个民族的精神发育与成长为旨归,应该让一个人乃至一个民族(甚至是人类)的精神之树由小变大,由弱变强,直至伟岸挺拔,绿叶长青,焕发出不竭的生命力量。从某种意义上可以说,绿色内容是绿色出版的核心与灵魂。绿色出版的内容一定是有益并促进人类身心健康发展的,一定是使人类精神境界不断获得升华的,一定是唤醒人们内心沉睡的猛狮从而激励人们努力追求、开拓美好生活的,一定是让真善美的种子播撒在人们心灵深处、让生命绿意盎然的。

为此，不断推出精品力作是绿色出版的本质要求。20世纪60年代，一部名叫《寂静的春天》的科普著作横空出世，继而开启了声势浩大的现代环保运动的序幕，产生了巨大的社会影响，因而被称为"世界环境保护运动的里程碑"，给人类留下了极其宝贵的精神财富，可谓绿色出版内容的经典范例。著名作家梁衡先生是"绿色出版"的践行者，人文森林学的开创者。他走遍祖国的山川大地，遍访森林古树，为每一棵有故事、有思想、有灵魂的历史古树树碑立传，他的古树森林环保力作《树梢上的中国》可谓绿色出版内容的精品力作。

六是要锻造一支敢于创新、素质过硬的绿色出版编辑队伍。要让佳作、精品迭现，除了政策层面各种保障措施以外，还必须充分重视出版活动中最为关键的因素——编辑队伍的建设，必须提高他们的综合素养与整体水平。作为编辑出版活动第一生产力的编辑，他们喜好什么，他们的审美水平处在哪个层次，他们对事物的认知与判断处于什么水准，他们的社会责任心与职业道德修养到什么程度，这一切都直接关系到他们选择什么样的出版内容提供给广大的读者，从而直接或间接影响整个社会的文明水平与程度。大国重器的发明与创造要依靠广大的科技工作者，绿色出版的未来也有赖于一支充满生气活力、具有创新精神的强大的编辑队伍。

七是要继续加大对创新知识产权的保护，推动绿色出版高质量发展。绿色出版是节能环保、低碳型出版，它要求尽量减少对环境的影响与破坏，从而达到人类的出版目的。或者说，要以最小的环境代价，最大化地满足人类的出版及文化的需求。对传统出版而言，就需要不断加大图书市场供给侧改革力度，减少以往盲目扩张下日益膨胀的出版物数量与规模，优化图书品种结构，从而向市场投放"有效"的图书产品，避免"无效化图书"生产所造成的库存积压与纸张等物力财力的浪费。优化了的供给侧端会源源不断地为读者市场提供"既叫好又叫座"的优质图书产品，而要确保这一点，就必须加强对优质有效内容策划者、生产者、传播者等创新团队的积极性保护，必须完善相关法律、法规，保护内容创新者的合法权益不受侵害。一个好的图书文化产品从酝酿、孵化到诞生，往往需要作者、出版机构、营销机构的共同努力，甚至是长期的努力与推动才能完成。数字出版天然地具有绿色出版的基因，而融合出版则是数字出版整合发展的新阶段，也是绿色出版的新领域与重要组成部分。融合出版牵涉新媒体、多媒体等多种新技术的运用，其内容的取舍及编排等可根据媒体形式的不同及受众特点、趣味的差异，灵活多样、创新变化，各种传播的手法也可不断翻新，这一切都为出版从业者打开了无穷的想象空间。可以说，融媒体内容与形式的整合创新程度与高度，决定着融合出版发展的广度与深度，而创新就是数字出版、融合出版的生命力。要确保与激活创新活力，就必须更好地维护创新者的积极性，就需要运用各种手段有效保护创新者的合法权益不受损害。关于数字出版领域的创新知识产权保护，我国虽然已经形成了一定的法律、法规体系，但因数字出版是一个仍处于发展阶段的新领域，相关的法律法规体系的完备还需要一个较长的过程。

八是要学习和借鉴国外绿色出版的先进经验。不同文明之间的交流与互鉴，已成为现代文明社会的共识。现代环保主义理念起源于西方，受此影响，绿色出版的理念与实践也于 21 世纪初在欧美国家兴起与发展起来。经过多年来的发展，欧美国家的绿色出版积累了大量成功的经验，尤其是不少西方国家的绿色环保理念已深入人心，绿色生产、生活（包括绿色出版）已然成为他们的行为习惯与生活方式。随着环保技术的日益更新与进步，新材料的不断涌现，其绿色出版也在不断走向深化。所有这些都值得我们学习与借鉴。

结　语

推进传统出版业的绿色转型，是实现碳达峰碳中和目标的重要途径之一。绿色出版既包括经过技术革新、升级优化了的传统纸质出版，也包括方兴未艾的数字出版。与传统出版相比较，绿色出版具有低碳节能环保、数字化集约化和可持续性等特征。绿色出版不仅意味着传统出版业外在物质形态的升级迭代，更意味着其内在的精神内涵符合人类精神文明的发展方向。中国的绿色出版与欧美国家相比起步较晚，但发展迅猛，成绩显著。面向未来，我们要继续努力，积极稳妥地推进出版领域清洁低碳转型，为推进美丽中国建设贡献力量。

注释：

① 习近平.高举中国特色社会主义伟大旗帜　为全面建设社会主义现代化国家而团结奋斗——在中国共产党第二十次全国代表大会上的报告[N].人民日报，2022-10-26(1).
② 马克思，恩格斯.共产党宣言[M].北京：人民出版社，1997:32.
③ 联合国粮农组织（FAO）.全球森林资源评估报告[N].https://www.fao.org/forest-resources-assessment/zh/,2022-10-14.
④ 陈烨.出版也要讲绿色[J].出版发行研究，2012(3):34-36.
⑤ 王娟.绿色出版的倡导者[J].采编写，2017(3):22-23.
⑥ 周斌.绿色出版概念的厘清[J].经济研究导刊，2010(35):12-15.
⑦ 齐峰.呼唤绿色出版[N].光明日报，2010-11-04(7).
⑧ 谢明礼.关于出版的几点思考[J].编辑之友，2016(8):22-24.
⑨ 闫安.探析绿色印刷的技术方向[J].今日印刷，2013(2):23-25.
⑩ 王凌.提倡绿色出版，欧美低碳绿色出版初具规模[N].中国新闻出版报，2011-09-15(4).
⑪ 李楠.出版步入绿色化时代[N].中国图书商报，2008-09-06(2).
⑫ 刘硕.环保纸走进读者视野[N].中华读书报，2010-04-23(2).
⑬ 李明远.开动绿色出版动车组[N].中国新闻出版报，2014-10-08 (1).
⑭ 黄源.中国出版协会发布《绿色出版倡议书》[N].中国新闻出版报，2015-06-25(1).
⑮ 姜杉.中国环保第一书诞生[N].中国青年报，2008-08-17(3).

⑯ 伍静. 接力大事记[M]. 南宁：接力出版社，2016:36.
⑰ 柳梅芳. 一本绿色环保书是怎样诞生的[N]. 现代快报，2022-08-14(3).
⑱ 习近平. 推动我国生态文明建设迈上新台阶[J]. 求是，2019(3):1-6.
⑲ 亚南. 接力社推出以绿孔雀生态环保为主题的绘本[N]. 中华读书报，2022-08-27（2）.

（本文刊于《鄱阳湖学刊》2022年第6期）

从困惑到开朗

十几年前，刚进入图书出版行业不久，作为体制内的出版人，我对一些问题产生了困惑，比如内容和形式、传统和创新、学术与大众的关系问题等。记得当时图书市场一派繁荣景象，体制外的出版机构重创新、重形式、重"大众"，无论是选题的推陈出新，还是营销包装的新颖别致，对大众图书消费的心理揣测、把握，都略胜一筹。而体制内的出版社相对保守，在这三对关系中表现得很纠结。出版物往往是重内容、轻形式，重学术、轻大众，坚持传统有余，改革创新不足。经过十几年的发展，如今图书市场已经有了很大的变化，特别是出版人的观念，也有了很大的进步。如今，重图书内容前提下的形式创新、形式更好地为内容服务；学术创作的通俗化、多样化、趣味化（准学术写作），从而更接近大众的阅读需求以满足大众日益提高的精神需要；推陈出新、守正创新观念的坚持与固守；等等，已成为更多出版人的共识。

附文 思想无缰 创意有魂
——创意出版应厘清的五种关系

出版业作为创意产业,是为了出版业适应市场环境、适应全球化的挑战才提出来的。而要在中国现有的实际环境中实现出版业的"创意化",不是说说就能达到的,必须跳出现有的观念的窠臼,首先实现观念形态的整体变革。观念指导实践,根本观念转变了,才会有实质上的出版业的根本变革,才能推动中国出版业的大发展。

笔者认为,出版业观念的根本转变,首先要厘清五种关系:

意识形态与非意识形态的关系。作为文化产业的出版业,不可避免地受到意识形态的制约。民族宗教问题、国家主权问题等,任何一个国家的出版业都要涉及,并为之服务。但我们也要掌握好分寸,不可把什么问题都"意识形态化"。比如出版界有一种现象,一些稍有涉及国家主权、民族宗教等重大问题的所谓"敏感问题",便不问具体情况一律加以规避。这样一来,一些具有真知灼见的选题,或一些闪烁智慧火花、有独到见解的文章,有时便被淘汰,或去头掐尾只剩下干瘪、枯燥、乏味的内容。这样一种长期以来形成的过度反应的"过敏症",一定程度上扼杀了真正思想的生产和传播。没有百家争鸣、百花齐放的舆论思想的繁荣，何来创意？放眼望去，出版业（传统出版社）墨守成规者甚众，敢于大胆探索尝试者，甚至敢于承担风险者甚少。

内容与形式的关系。长期以来，出版界一直坚持"内容为王"的出版理念，一味强调内容的科学性、严密性、原创性、深刻性，而忽略了形式的多样性和丰富性。表现在选题论证上，首先考虑作者的资历、学历和研究背景。一旦选题、书稿得到确认，主要任务就完成了，一下就进入生产流水线。对内容的呈现及表达方式，内容的空间布局与排列，装帧设计、纸张选择，读者的趣味分析及市场调查研究等，没有提高到与内容同等重视的程度。随着经济和社会的发展，社会阶层的变化以及市场竞争的日益加剧，对图书"形式"的要求也越来越高，总的趋势是越来越人性化、艺术化。同样的内容不同的呈现方式（甚至包括个性化的营销方式），市场的命运就可能截然不同。比如最近中央编译出版社出版的《沉思录》，市场业绩就比三联书店出版的《沉思录》要好，虽然是同一本书，同一个作者，甚至是同一个译者。

学术与大众的关系。长期以来，有不少出版社一直以出版学术专著为重、为荣，一家出版社如果没有出版过大部头学术书，那是不可思议的事情。如果学术专著出版得多，而且获奖的也多，就被认为是一件荣耀的事。这是一个认识上的误区。著名学者陈思和先生曾撰文说，在美国等发达国家，出版学术著作的只能是专门的高等教育出版社，除此之外的其他出版社都面向大众市场而出版。学术出版固然必要，但不可一拥而上，否则，一边学术出版的"学术含量"受到影响（哪有那么多学术上有建树的作品可出），另一边占人口多数的大众读者被严重忽略。现在（包括以前）的情况是，哪位学者一旦"走红"，跟大众亲密接触，就会被众多"学者"嗤之以鼻，甚至炮轰，还被贬为"没文化"。以前的余秋雨是这样，现在的易中天也被冠以不乏贬义的"明星学者"之名。这是一种不正常的现象，反映了我们一些人的思想僵化、固化。学术和大众是有明显界限的，但如果学者将他的学术思想、观点，用一种大众喜闻乐见的方式（包括书写的方式）传播出去，进而影响大众，提升大众的文化思想素养，这是一件多么功德无量的事情，应该加以鼓励弘扬才是。可有些"学者"却依然视"大众"为低人一等。这样做的后果是，我们的图书市场需要100个余秋雨、易中天这样的作者，结果被98个引进版的外国作者所侵占，他们的图书在国内市场大行其道。出版者首先要突破这种长期占据我们脑海的学术本位观念，树立起市场本位的观念。

传统与创新的关系。出版社有很多好的传统，比如编辑对书稿的处理认真负责，要求编辑学者化、爱岗敬业等。但

照亮自己
——我的编辑世界

许多传统出版社坚持传统有余，奋力创新不足。表现在思想观念上，依然视某些"创新"为异类。比如某著名出版社的一个刚进社不久的"小"编辑，接连策划出版了几本超级畅销书，因影响巨大，业界称其为第一个敢于吃螃蟹的人。但他的一位上司（总编助理、编辑部主任）在一个公开场合以一种轻蔑的口吻称他为"小编"，"一不留神碰上的"云云，还说他连稿子都看不好呢。传统出版社领导一般认为，刚进出版社的年轻人都要从校对干起，不经过几年的磨炼，是不能甚至没有资格策划选题的。如果我们还是以这样的眼光、观念来经营一个现代市场经济条件下的出版社，结局可想而知。要过日子，只能靠卖书号了。编辑加工固然是编辑的第一要务，但市场策划、营销乃是当下出版社的生存、发展的重中之重。最近有几家锐意进取的大社，将策划和编辑加工职能相对分开，专门成立"编加中心"，以发挥编辑各自的优势，是一个可贵的举措。

精神产品生产的一般规律与产品的"当下性"的关系。只要人类生存繁衍下去，精神生产就会一直延续下去。要充分发挥出版产业在整个人类生产、生活中的作用，就必须清醒地认识我们所处的现实环境。一方面，我们不仅要认识全球化背景下的出版状况，认识全球人类共同面临的诸多问题在精神领域的反映，另一方面，我们更应该了解当下中国人所面临的现实处境，包括精神生态。而且这种了解越全面、越丰富、越深刻，我们所从事的精神生产和出版业就会越有针对性，也就越能发挥我们出版的作用。而这与出版的市场化进程的推进也是相吻合的。著名出版人金丽红在分析郭敬明的畅销书《悲伤逆流成河》卖不过《于丹〈论语〉心得》时，得出一个结论：于丹的书契合了当下中国人的特定心理需求，很"实用"，而郭敬明的作品则是虚构类小说，离"现实"较远。于丹的过人之处就在于她对当下中国人的心理世界的洞悉与微妙把握。这一点值得出版人借鉴。

（本文发表于《出版广角》2008年第10期）

好编辑何为？

这是一篇十年前的访谈，内容比较丰富，涉及面比较广。涉及的主要问题有：编辑的地位与作用，变动不居的出版环境，编辑应坚守什么，什么样的编辑才能成为好编辑，好编辑的标准是什么，编辑与所在的企业之间的关系、与企业营销部门的关系，青年编辑如何更快地成长，"云出版"时代编辑如何应对，等等。概而言之，在人类精神文明传承的过程中，编辑起着"助产士"与"守护神"的作用，引导与推动人类的精神文明一直朝着正确的方向前进。编辑的职业定位与使命担当，决定了编辑无论在何种环境下，都应牢记自己的神圣职责。"好编辑"的特质一定与"好内容"相联结，就像一位历经艰难困苦寻找宝藏的人，寻找优质内容的过程及结果，决定着编辑的优劣与成败。一个出版社对一位编辑来说，就是他成长与发挥才干的外部环境，二者良性互动，会彼此成就。面向广阔的图书市场，编辑与出版社营销人员是同一战壕中的战友,应该团结起来共同面对"敌人",消灭"敌人"。青年编辑是出版事业的"后来者","后来者"一定潜藏着"后发优势",认识到这一点很重要。新的成长环境及新时代的特点,决定了他们应有的用武之地。作为"先行者"的"老编辑",也要发挥"传帮带"的作用,把一些经验与教训告诉他们,给他们些许启示。十年前所说的"云时代"今天已然到来,出版生态面临着巨大的改变,如何应对挑战,还需要我们共同探索。

这篇访谈涉及的一个中心议题是"如何成为一个好编辑"。我认为,一个好编辑一定是有理想、有追求的编辑,而这种理想与追求主要体现在他所策划与编辑的图书之中。编辑在为社会提供精神价值的同时,实现或达成自我价值。回顾我所走过的职业发展之路,表达或代表我的精神价值取向的图书主要有林贤治著《鲁迅的最后十年》("一个人的鲁迅系列"四种)、梁衡著《把栏杆拍遍》、任火著《中国气脉》、吴思著《潜规则——中国历史中的真实游戏》、王开林著《大师》("晚清民国人物系列"六种)、周树山著《乱世和末世的自我救赎——中国近代的知识分子》、郑雄著《苍凉的辉煌——清华国学院和他的时代》等等。

附文　云出版时代，好编辑如何修成正果
（《编辑之友》访谈录）

《编辑之友》编者按：2013年3月初，盛大文学旗下起点中文网的吴文辉创始团队集体请辞。不论是从出版还是商业的角度看，事情的本质似乎是起点最资深的总编辑带着几十个网络好编辑出走，于是引起国内网络文学出版平台的混乱震荡，一家独大的盛大文学也迎来了百度、腾讯两大对手。3月20日，人民文学出版社举办了首届"白鹿当代文学编辑奖"颁奖典礼。该奖由《白鹿原》的作者陈忠实先生提议并自掏腰包设立。这个行为是前所未有的，也表明向编辑表达敬意这件事不能再等下去了。同月23日，"2013北洋传媒中国好编辑推选颁奖典礼暨中国好编辑论坛"在京举行。媒体评价这既是一次中国好编辑聚首的盛会，也是在行业和全社会中高扬编辑价值的一次编辑峰会。

一连串的事件，炒热了新闻报道，也让业界的话题聚焦在编辑这个群体。出版界在讨论什么是好编辑，人们在思考好编辑究竟以什么为标准。在出版商业化、资本化、数字化的现实背景下，再一次认知编辑的价值，发现好编辑的社会力量，这可谓是出版界的幸事，编辑界的福音。

同时，有一个很明确的事实是：因计算机的崛起、因

App无处不在、因人人都能成为作者、因互联网掀起了"学习大革命"的帷幕、因移动终端改变了"书"的定义等等肇因，世界已处在大改造的途中，出版也顺着发展脉络，跨进云时代。"海量资料""大数据"成为编辑必须面对的史无前例的现实，编辑的角色受到冲击、编辑的方式发生改变、编辑的能力需要重塑……因此，云出版时代，如何做好一名编辑、做一名好编辑的课题需要再一次延展。

《编辑之友》：网络编辑集体出走、作家出钱奖励编辑、2013年中国好编辑推选，您对今年年初编辑界发生的三大事件怎么看？并请进一步描述您认为的编辑地位和作用。

李又顺：网络编辑集体出走，可能是因为反映在具体利益上的编辑的价值没有得到充分的体现与尊重。一个工作环境是开明的、和谐的、宽松的，编辑敢说话不畏畏缩缩、敢做事不战战兢兢，而且还能得到相应的报酬和尊重，这样的条件编辑是求之不得的。如果这个条件没有或不充分，编辑的出走是迟早的事。网络编辑是伴随着网络时代的到来而产生的新事物、新职业。它在逐步改变着编辑这个行业的生态，引领着这个行业的未来。一个有野心、有战略眼光的出版管理者（而不仅仅是为了几个银子）理应善待这个群体，竭力创造各种有利条件稳住这支队伍并扩大地盘，先发制人，占领这块迅猛发展的云出版领地。

照亮自己
——我的编辑世界

茅盾文学奖得主、《白鹿原》的作者陈忠实,自己掏钱在人民文学出版社设立奖项,奖励那些在文学创作领域辛勤扶植作家的幕后编辑。重视编辑在旧文坛时有所闻,而在当代却是新鲜事。我记得北大教授钱理群曾经将自己出版的每一本新书,都恭恭敬敬地题上几句感谢词,首先把它送给编辑。青年学者摩罗曾效法钱理群先生也这么郑重其事地做。作为编辑对这一切当然很感激。我认为一本书看似很简单,其实里面包含了编辑的辛勤劳动。有的书最后能够问世,就耗费了编辑的大量心血与努力。对编辑的酬谢,不一定要像强迫募捐那样要求所有的作者都要给予回报,但重视编辑的劳动并致以敬意,乃是情理之中的事情。不可否认,作者队伍中确实存在一些不尊重编辑的现象,有的不但不对编辑报以感恩之情,甚至对编辑求全责备、恶语相向,这让编辑很受伤。作家出资奖掖编辑这件事,有好的示范导向作用,至少能提示或警醒那些不够尊重编辑劳动的人。

百道网举办的 2013 年"中国好编辑"推选活动,由于是开天辟地第一回,引来了业界的广泛关注。尽管我有幸入选,但我还是要冒着说恭维话的风险说一句:此举功德无量。正像他们在举办此项活动时所开宗明义说的那样:凝聚书业正能量。以往书业几乎所有的光环都罩在"总编""社长""总裁"等一干"官"身上,而默默耕耘的书业垦荒者——编辑,却成了在阴暗的角落悄悄生锈甚至腐烂的一颗颗螺丝钉。中国书业要振兴、发展，光靠那少数的"官"是不行的。好的出版生态，必须要有一本一本好书做支撑，而好书也是由占比绝大多数的编辑们策划、编出来的。显然，激活那些本可以闪光生辉的一颗颗螺丝钉才是正道、直道，让他们也秀一回，体验一下职业的尊严乃至价值，并由此形成一股风气，这才是应有的正能量。

《编辑之友》：在您心目中什么样的编辑是好编辑？评价好编辑究竟是以什么为标准？应该从什么角度去评价？好编辑就必将会实现社会美誉度和经济效益的双赢吗？

李又顺：在不同的人看来好编辑的标准似乎不一，有如盲人摸象。我们更多的是在说出我们摸到大象不同部位的触觉延伸到大脑的感觉。有些标准由于是某一权威人士说出的，而带有"权威"的属性。仅此而已。标准多了，其实就没有标准。但总有一些特质可以把握。我就从这一角度来谈谈。

好编辑一定是具有"编辑灵魂"的编辑。"编辑灵魂"应具备哪些特质？我以为首先第一点就是嗅觉，编辑特有的嗅觉。我曾说过，好编辑就是一条狗，一条嗅觉敏锐的狗。好的嗅觉从哪里来？从训练中来。被地震震塌的房屋废墟下只要尚有生命的气息，尽管很微弱，一条经过训练的狗也能感觉到。毒品贩子哪怕将毒品隐藏得再深，也逃不过一只训练有素的狗的嗅觉。好编辑就要有这个能耐，就像大象在旱季的茫茫大草原上，仅仅需要用笨拙的大腿敲几下地面，就知道水源在哪里。编辑终身与文字为伍，古人说："言而无文，行之不远。"但好的文字不是作者随意写出来的，而是天才的作者丰富心灵的自然流露；好的装帧设计与插图也往往是天作之合，非一些工匠所能为之。好的编辑一定就是遇到了好的文字、好的作品而不轻易让其从身边溜走的那个人。

编辑灵魂的第二点就是忠诚、牺牲、坚韧。对职业不忠的人不是好职员，对上司不忠的人不是好下属，对书本不虔诚的人不是好读者，对文字不忠诚的人不是好作者，对编辑这一行业不忠实的人不是好编辑。因此，我们一旦选择了这个行业，首先要付出的就是对这个行业的忠诚。但凡在此行业里取得成就的人，一定是忠诚于这个行业的人。从某种程度上讲，忠诚度越高，成就就越大。忠诚不是空谈，需要付出努力乃至牺牲。牺牲什么？牺牲时间，牺牲精力，甚至要牺牲常人的一些天伦之乐。好的编辑往往把大把的时间花在与作者的交往上，因为他知道，只有彻底地了解一个作者，只有彻底地把握每一个作者、每一部作品的精神特质，才能在整个编辑的过程中占有主动，才会有的放矢把作品做成什么样，应该怎样宣传、营销，应该把作品输送到哪个渠道。编辑往往是一个人在战斗。从策划、组稿、审稿、装帧设计乃至营销方案和市场推广，往往孤军奋战的色彩比较浓厚。做成功了欢欣鼓舞，做失败了甘苦自知。有时打掉牙齿只能往自己的肚里咽。作者得意时的求全责备、盛气凌人、颐指气使，文字失误时挨骂的战战兢兢，年度考核利润指标时的惶惶恐恐，面对同一个作者的作品同行做得比你好很多时的自责自问，等等，如果没有一颗强大的心忍辱负重，足以使你逃脱阵地。因此，我认为，考察一个编辑是不是好编辑，就看他是否有"编辑灵魂"，是否有这些精神特质。如果没有，他就不是好编辑。当然，这些精神特质一定会反映在"劳动成果"上。作家讲代表作，编辑也可理直气壮地说出他的"代表作"。审核或考察代表作，就能发现背后的编辑是不是具有"编辑灵魂"的好编辑。如果说某一位编辑仅一部作品一炮走红，别人会说那只是运气使然。如果接二连三地获得成功，你总不能还说他是靠运气成功的。为什么运气总是跟他有缘？有些编辑做了一辈子也没有遇到一次好运，那只能说明"编辑灵魂"的欠缺，因为机会对每个人是公平的。因此，百道网评选好编辑亮出"好编辑以书为证"，我以为最为公平公正，是骡子是马，拉出来遛遛便一目了然。

　　能实现经济效益和社会效益的统一，当然是最好不过的，这也应该作为衡量好编辑的重要依据或唯一依据。你整天在编一些教辅读物，或在低水平重复某一本文化含量低但却有

"市场"的书，虽然它能产生大量利润，物质奖励可观，但仅以这一条来说你是一位好编辑（当然，同样编这些读物，也有编得好的），恐怕人们有不同看法。同样，你编的书屡屡获奖（现在出版社通常就以这个来判断社会效益），也有人非议。因为获不获奖往往不能判断一本书的真实价值。如今评奖，尤其是体制内小圈子游戏的某些评奖，缺乏公信力、透明度不高，只反映少数人或个别人的倾向，乃是不争的事实。有的评奖则偏离了应有的价值标准，其他非本质的考量因素渗透其中。因此，究竟什么是好编辑，考核的标准究竟是什么，业界有必要再次达成共识。

《编辑之友》：编辑所处的出版环境已经改变，而不论接受能力的快慢，每一位编辑都不得不重新审视这个云出版的时代特征。请简单谈谈您所理解的云出版及其特征，并谈谈随着出版环境的变化，编辑如何应对。

李又顺：要搞清云出版的概念，首先要对什么是云计算有一个初步的认识。云计算是一种IT基础设施的交付和使用模式，指通过网络像消费水、电、煤等设施一样，以按需使用和付费方式获得所需的服务或资源。提供资源的网络被称为"云"。最简单的云计算技术在网络服务中已经随处可见，例如搜索引擎、数字图书馆等，使用者只要输入简单指令即能得到大量信息。云计算是从技术角度提出的一个概念。云计算技术应用于各个不同的行业，必将产生不同的应用和服务。在出版行业，运用云计算技术，可以在建设中实现全方位的云出版。

那么云出版的含义是什么呢？新闻出版总署互联网出版监测中心副主任刘成勇认为，完整的云出版包含几层含义：出版内容云，出版技术云，出版渠道云，出版服务云。云出版的精髓在于共享，理想的云出版应是内容提供商、技术商、渠道商等产业链上的各个环节各司其职，互相服务，从而提供更优质的出版服务云。通过云出版，出版社可以对社内资源加密，可以选择发行渠道进行授权、安全分发，渠道运营商可以打通各种渠道的终端应用，对出版单位授权的资源进行运营。一切的流程通过云出版服务平台进行，渠道的销售数据随时反映在平台上，出版单位可以随时掌握，甚至连读者的查询、点击、购买等行为，出版单位也可以通过云出版平台了解掌握。由此可见，云出版从本质上凌驾于数字出版的地方在于，它是传统出版发行方式的革命而非数字形式上的变革。云服务平台，就要实现整个出版传媒产业的"三无"目标，即无库存、无退货、无欠款。

在搞清云出版的基本含义之后，就会发现云出版相较传统出版而言，是一种崭新的商业模式，也是一场持久而深入的出版革命。它将从根本上影响出版的格局与生态，也影响着人们的阅读方式与生活方式。云出版相较传统出版而言，具有随时访问性（随时访问阅读内容）、便携性（随地访问）、自由性（自由化选择阅读内容、碎片化阅读）、个性化选择（定制阅读内容，可按照自己喜欢的方式变换阅读文本形式）及社交性（可即时在社交平台与他人分享阅读感受、推荐阅读内容）。归结为一句话就是：云出版提供了一种更为自由、更具人性化的阅读体验。基于这样的一种现实，编辑的工作方式及理念也应随之变化。在这种变化面前，我们既不要因循守旧、墨守成规，以过去从事多年的传统出版经验驾轻就熟，去抵制和否定正在到来的云出版时代；也无须盲目激进，一味追赶时髦和潮流，以渐成气候的云出版完全抛弃和否定业已存在近千年的传统纸质出版。为此，我以为以下几点是编辑要做的：一、冷静观察和研究云出版的来龙去脉，关注发展动态，熟悉产业链上各个环节的原理、特性以及运行规律，做到胸中有数。二、关注云出版产业链的分工有序建设。任何人都不是神，不可能包办一切。作为一种现代分工，云出版一定会朝着更加有序、更加理性的方向发展。虽然在目前的初级阶段还没有看到这种较为理想的局面（现实是：内容提供商在干技术提供商的活，技术提供商在干内容提供商的活，渠道商在抢内容上的作者，等等，各搞一块，都想做老大，大而全，一统天下），但我想，未来成熟的云出版生态，应该是各有分工，各自发挥自身的特长和优势，互相配合，共享资源，做到你中有我、我中有你，从而共同建立起一个有序繁荣的云出版产业。到那时，我们才能真正享有名副其实的内容云、技术云、渠道云和周到密布的服务云。三、立足编辑本职工作，不懈怠不气馁，在集聚内容尤其是优质内容上多下功夫，努力做到厚积薄发，为当下以及将来做好积极的准备。试想，作为一个握有大量内容资源，尤其是优质内容资源，并能不断发现与拥有优质内容资源从而逐步建立并壮大自己"内容云"的编辑，还愁什么呢？！

《**编辑之友**》：中国编辑学会副会长胡守文说："好编辑要培养云思维习惯。"台湾地区资深出版人周浩正先生讲要"冷观'海量资料'的消化与运用，创建编辑'云魅力'"。您怎么理解其中的"云思维"和"云魅力"？

李又顺：云出版是一场基于云计算技术的盛宴。不可否认，随着网络技术的迅猛发展，云出版的脚步由远而近，先知先觉者们早已布下千军万马，等待这场似乎必然要到来的战斗。曾几何时，技术终端推出各种花样翻新的电子阅读器，中国电信、中国移动纷纷开启了超级虚拟阅读市场，盛大文学收购各大文学门户网站，新浪、搜狐、腾讯、网易也都建立起收费阅读商业模式，像娱乐公司签约歌星一样签约网络作家，方正阿帕比紧锣密鼓搜集内容资源，疯狂建立自己的

照亮自己
——我的编辑世界

大数据库，就连一些高校出版社也在利用自身优势，摄录了大量精品课程的图片、视频资料，打造自己的数据库。数字出版这些年来已成为国家发展战略，国家每年都要投入巨资加以扶持。在云出版如火如荼的年代，业内人士如胡守文先生提出"好编辑要培养云思维"，台湾地区资深出版人周浩正先生提出编辑要在海量数字面前创建"云魅力"，正是顺势而为的"时代之音"。

我想"云思维"应该有以下几个特征：第一，自由自在。我以为"云出版"更多的是基于对未来出版的一种美妙想象，而且这种想象更多体现在对读者阅读状态和阅读体验的想象上。我什么时候阅读，我在哪里阅读，我选择什么样的阅读方式，我读什么不读什么，我在社交平台对哪个作者好评、对哪个作者表达不满，都是我（读者）的自由。那么，作为编辑你就不能不考虑、不研究读者的这一"自由"。我们可以对读者在网上访问阅读内容时留下的"蛛丝马迹"进行归纳、分析、跟踪，从中窥见读者的喜好，从而策划出更好的适合读者需要的"内容"。第二，虚拟性。云在天上，时间无始无终，空间无边无际，这也让人联想到我们的另一个互联网世界。如果说天空的云是一个实在的世界，那么互联网的云则是一个虚拟的想象世界。天空中有美丽的云，也有雾霾。作为编辑，作为一个好编辑，我们应努力坚守职业精神，为这片广阔的空间多提供美丽的"云"，多提供更加持久地飘浮在互联网上空，不断激励和滋润着千万读者心灵的"云"，给他们一个仰望这一片虚拟天空的理由。第三，创造性。云思维也即想象性思维、创造性思维。我们既要脚踏实地、埋头苦干，也要仰望天空，满怀生命的激情。我想在把互联网称作"云"，把互联网时代的出版叫作"云出版"的时候，一种无限的可能就被寓意其中。一方面，云出版环境下，通过云的输入，我们会占有海量的数据，从而为我们的创造大开方便之门；另一方面，通过我们的创造，又在壮大着别人的云端。比如，单是一个数字文本，就有可能被改造成各种格式，通过各种渠道，进入各种不同读者人群。对一个喜欢大海的读者来说，可以在文本设计中加入大海的元素，让海鸥自由飞翔的身影和坦然自在的鸣叫充斥一个单纯的文本，而让它变为一个有文字、有电影画面并有配音的复合文本。

"云魅力"之于编辑，我想就是充分体现编辑的自主性和创造性，而且，这种自主性和创造性应该充分展现编辑的个人魅力。越是海量数据，我们就越要有自主性。可以这么说：只有编辑的自主性、个性化裁量，那些我们面对的海量数据才变得有价值，有意义。一个健全的社会，应是公民充分发挥其个性并受到尊重的社会；一个好的"云出版"环境，也应该允许编辑自由流动，以找到能让他充分发挥其个人潜力与魅力的公司与平台。而这一切也正是市场化竞争所必需的。市场价值崇尚"唯一性"、不可替代性，拒绝雷同与平庸。不同的编辑，由于经历、成长环境、教育环境、知识水准、兴趣爱好各有不同，所表现出的价值追求也自然不同。在不同的事物之间不能说谁好谁坏，它们都有最好的、次好的、一般的等等。著名出版人、三联书店前总经理董秀玉女士在主政三联时，曾推行"分层一流"的编辑方针，可谓明智之举。她主张可以出版不同层次的读物，可以有不同的编辑，但都以一流的标准要求。因此，提倡"云魅力"，更便于编辑人才的培养，也更有利于他们成长、成才。

编辑的"云魅力"表现在其所选择的作品或正在编辑的作品，一定会附着编辑的个人魅力。你是一个风趣幽默的人，或者叫具有幽默基因，你完全可以在你编辑的作品中适时添加一些幽默的因子，让读者在阅读的间隙享受一下轻松的快乐；你是一个资深球迷，你完全可以在你编辑的作品文本中穿插一段经典的球赛视频，以帮助读者理解文本的内涵，或加深对作品某一种观点的理解。总之，云出版条件下，编辑的功能得到有效强化，也为编辑充分发挥自身的魅力，打开了一个广阔的空间。

《编辑之友》：有观点说，不论"海量资料""大数据"对我们的冲击力道有多广泛而强烈，"云端"都将再一次给大家重回起跑线的机会。能否谈谈您对此观点的认识？从编辑角度来看，这个"起跑线"的意义是什么？可以理解成为编辑与出版资源、市场、作者的关系都将重新洗牌吗？

李又顺："起跑线"一说我不赞同。面对大数据网络时代的到来，云出版时代也随即开启。有的就早已经先跑了一步，如网络游戏，它已经形成了一个比较成熟的商业模式。还有网络文学、数字图书馆的建立等等。当然，有先就有后。先不代表强大，只是占据一定的先机；后也不代表落后，也极有可能后来居上，后发制人。现在是传统纸质出版和网络多媒体出版、电子出版并存的时代，也可以说是传统纸质出版向无纸化的"云出版"过渡的时代。这个过渡期到底有多长，谁也不敢妄下结论。但有一点是可以肯定的：正在进展之中的云出版已经在悄悄地改变着已有的传统出版的格局。就作者资源来看，有相当一部分作者已经进入云出版的视野，这必将使原来传统出版条件下的作者队伍出现分化，而且传统的作者资源受到蚕食与瓜分。此外，读者市场也受到冲击，有相当一部分读者市场的蛋糕已经被云出版侵占，纸质阅读所占比重也在逐步下滑。这是一方面。另一方面，在传统出版与云出版此消彼长的格局下，理想中的云出版一旦占据主导地位，内容云、技术云、渠道云及服务云等产业链各环节虽各有分工，有协同作战的一面，但也会就资源的角逐展开激烈的竞争。此外，在产业链的各环节内部，也会展开"大鱼吃小鱼"的游戏。大的强的内容云会吞并小的弱的内容云，从而构建更加超大规模、更加优质的内容云。技术云、渠道云、服务云也一样。就与编辑密切相关的内容云而言，编辑要想拥有更好的作者及更好的作品资源，就必须立足于一个更好的平台，栖身于一个更好的云出版公司。

《编辑之友》：编辑的角色和一些功能等随着出版时代的改变在改变，但肯定有一些东西是本质的、从来不会也不应该改变的，您认为这个本质是什么？换句话说，作为编辑，不管在传统出版、数字出版，或是未来的任何出版时代，您都在坚守的是什么？

李又顺：随着云出版时代的到来，编辑的角色和功能确实在悄悄地发生变化。但有一点我认为不会变，而且永远也不会变，那就是出版的本质。出版的本质是什么呢？也就是说为什么人类社会需要出版呢？人类社会之所以需要出版，就因为人类所创造的文明成果，尤其是精神文明成果需要保存下来留给后人，从而起到延续人类优秀精神文明的作用。可以说，一部人类出版史，就是一部人类精神文明的演进与发展的历史。无论是传统纸质出版，还是云出版，只是载体和传播方式发生了变化。出版一是为了传承文明，二是为了传播文明。如果说传统纸质出版的传播方式是单线的、单一的（只是以一本书固有的形态出版、发行、流通）、平面的、静态的（除非再版改变它原来的形态），那么，云出版则是多向的（一个文本多种形态，即多媒体）、丰富的、立体的、动态的（可适时根据读者反馈改变文本的形态与体量）。虽然存在这些差异，但出版的本质不会被改变。无论哪种出版，都需要更加优质的内容资源。因为只有那些更加优质的内容资源，才能传之久远。无优质内容资源作基础的纸质出版就是浪费纸质资源，同样，无优质内容资源作为后盾的云出版，就是浪费云资源。因此，作为编辑，一定要塑造自己卓越的"编辑灵魂"，以便在那种灵魂的感召下，去竭力寻找和发现一流的优质出版资源并善于维护它们、经营它们。

作为一个"资深编辑"，我一直努力坚守自己的职业理念，尽管有时因为各种原因迷茫过，困惑过。我认为，发现和寻找"好的"内容资源，是编辑的职业灵魂所在。因为只有这样，才能事半功倍，获得成功。另一方面，在不断地寻找和品味中，也可以逐渐养成自己的职业嗅觉。一旦习惯养成，就会闻着文字的"气味"把它们分出三六九等来。这是我做编辑的趣味，也是我一直没有放弃的努力。我认为，对于一个编辑来说，丧失了这种对作品的判别能力，就意味着编辑这种内生的研发能力的终止，编辑的生命力也行将终结。

《编辑之友》：或许，我们对编辑该改变什么，该坚守

照亮自己
——我的编辑世界

什么有着一定的共识,我们也切实去努力做了,但真正要成为一名好编辑,在出版业界修成正果,我们是否还需要一些条件?您认为应该是一些什么样的条件?

李又顺:要成为一名好编辑,在出版界修成正果,我认为还必须要有一种不人云亦云的独立精神,不唯书,不唯上,只唯实。记得我在刚做编辑的时候,出版界也是一片唉声叹气,尤其是在体制内。不少人(包括出版社领导)认为如今商潮汹涌,人们不读书了。就这一句话,便把自己肩负的责任与使命推得一干二净。也是对他们不作为、不思进取的最好注脚。当时很多只是出于个人偏好、靠拍脑袋定下的选题上马,造成大量库存积压。在这种窘境下,他们不从自身找原因,不从体制找根源(以努力克服体制上的弊端),不从社会发展找出路,却一味地把责任推到看不见、摸不着的读者身上。记得那时,我刚做编辑不久,就遇上了那场曾搅动大半个中国的新概念作文大赛。记得是新概念作文大赛刚拉开序幕不久,好像是第二届、第三届的时候,我便迅速介入其间,沉下心去认真观察,并找来参赛选手的作品阅读。阅读之后,一股清新之气缠绕着我并挥之不去,我便打算出版他们的作品。可是随即我便招来当头棒喝,连第一关选题上报都没通过。社领导给出的理由是:十几岁的小孩子,哪有资格(资历)出书。理由很可笑,也很荒唐。不久,在出版社领导班子调整之际，我浑水摸鱼，又赶紧报了第二次选题，结果侥幸过关。于是郭敬明的第一本书、第二本书相继在我的手下诞生，不久就连续登上全国畅销书排行榜。因此，我觉得编辑在职业生涯中，要养成尊重自己、相信自己的习惯。

是否具有独立之精神与自由之意志（说起来容易，真正做起来不容易，尤其是在目前的现实面前），也影响着当下出版环境中编辑的态度与抉择。眼下是传统出版与网络出版并存的时代，不少从事多年传统出版的编辑同人，有一种职业的危机感和焦虑感，而且这种负面情绪还在不断放大，像鼠疫一样在业界蔓延。事实上，早在十几年前网络兴起并迅速发展的时候，就有人断言到2005年纸质出版将会消失，人们只会在网上阅读，不再看书本报纸杂志。然而事实并没有发生。有报道说，美国亚马逊在电子书销售持续猛增后，也显趋缓之势。到目前为止，美国的电子书份额只占书籍销售总量的25%。也有迹象表明，美国的独立书店在经历大萧条之后有复苏的迹象。欧洲电子书销售占比仅2%，这似乎对传统出版并未构成多大威胁。中国的阅读率本来就低，相当一部分人在用手机、平板电脑等其他方式进行阅读，就实体书而言（排除文学休闲阅读），市场份额受到多大影响，目前还没有确切的数字。当然，肯定有一部分读者选择了电子书等其他阅读方式，原本的传统纸质阅读市场也因此受到部分影响。但有数据表

照亮自己
——我的编辑世界

明,真正好的纸质版图书,还在受到读者的追捧,好的文本加上好的设计与装帧,同样受到很多读者的青睐。还有一个现象值得关注,那就是纸质少儿读物连续多年呈爆发式增长。而与此形成鲜明对照的另一面则是,在国内,大量的虚拟出版投入并未带来实际收益,电子书销售也远未达到人们想象的程度。甚至有报道称,电子书与网络出版只是看着好看的一道美丽而虚幻的风景。因此,要想云出版真正取代传统出版,必须要形成一种成熟的商业模式,必须要有成熟的版权保护体系,必须要突破很多瓶颈。当然,最终还要看读者对云出版的依附程度。而所有这一切都不可能一蹴而就。因此,作为编辑,一味悲观无作为不可取,一味追赶时髦心浮气躁更不可取。在当下这种环境中,传统出版编辑还得有自己独立的坚持和立场,一方面关注云出版的动态并做好应对的准备,另一方面更要戒除浮躁心理,踏踏实实沉下心来,做自己该做的事,努力发现一个好选题、一个好作者,然后投入精力把它做成精品,做成艺术品,做成具有收藏价值的珍品,以满足当下爱书人多方位的高品位需求。

《编辑之友》:关于编辑有这样一个戏言:"编辑是出版的灵魂,但出版什么,编辑没有最终决定权,因为市场营销部和业务部会追着问:'这能卖得动吗?'"而关于出版,刘景琳先生同样有个疑问:"出版在所有传媒产业里是最具

'滞后'性质的,把'后'做好才是出版的本分,现在搞反了,大家都在争先恐后与时俱进。"在此,请您仅从编辑角度谈谈,如何理解这句戏言和刘先生的"争先恐后"?面对这样的环境,一名好编辑会怎样回答营销部的追问?该不该"争先恐后"?

李又顺: 市场部、营销部站在市场的角度提出意见,这本身没有错。既然出版已经改制,将过去的为计划而生产(其实有时就是为领导而生产)转变为为市场而生产,这是一个进步。环顾世界,除了极少数大学出版社不追求商业利润以外,其他大多数的出版社都是通过市场化运作,在市场的环境下追求利润的最大化。比如,久负盛名的牛津大学出版社,每年还要为牛津大学提供至少上千万英镑的资助,以帮助其运转。

我赞同刘景琳先生所说的"出版在所有传媒产业里是最具'滞后'性质的"论断。他在这里所说的出版,不是报纸、杂志出版,也不是互联网出版,而是专指图书出版。随着出版环境的改变,有相当多的图书功能已经为其他媒体(尤其是网络、平板电脑、手机等)所取代,比如知识信息汇集的功能、工具书查找的功能、娱乐化轻松阅读的功能等。甚至现在某些杂志的深度专题,在过去就是一本很好的书的素材。我曾听一位新闻周刊杂志的撰稿人说,现在做杂志,就像写书一样,每写一个专题,他要阅读六七本甚至更多的图书。如果没有相当的思想含量和宽阔的问题视野,读者不会买账。

照亮自己
——我的编辑世界

你想杂志都做到这个份上了,图书何为呢?事实也证明,如今图书市场上,要想一本书从书的海洋里浮出来,可不是一件容易的事。没有扎实的学术研究功底,没有超强的文字驾驭能力,没有旁征博引信手拈来的知识典故,没有市场的敏锐嗅觉,没有独到的思想智慧和创见,没有真诚、细致为读者服务的意识,想要赢得读者的认可,真的很难。因此,一本好书,一定得有干货才行,那种一年要出版好几本书,指望赚好多钱,期盼暴得大名一夜成为明星的作者,不是好作者。你写一篇哗众取宠的短评时论还可以,写一篇一百多字引人瞩目的微博还可以,写一个娱人大脑却不能滋养精神的故事、段子还可以,但不沉下心来把浮躁抛在脑后,把"争先恐后""与时俱进"关进笼子清除出去,不在原创上下功夫花力气,很难获取图书出版上的成功。编辑也应抛弃那些不真诚的写作,抛弃那些没有思想价值含量的写作,抛弃那些不能给人以思想的启迪和智慧的启发的文字,抛弃那些没有真正学术精神与探讨价值的文字。从这个意义上来说,刘景琳说得对,图书出版不应"争先恐后",而具有"滞后"性。我曾经也想到过一个形象的比喻:就像一张大网撒出去,收网的时候不断有小鱼和较大的鱼从网眼里漏出去,最后剩下的、被网住的那条大鱼,就是图书出版。

从内容的质地角度要求,我们认为图书出版的"滞后"

有其合理性，但我们不能因此就排斥图书出版的"与时俱进"与"争先恐后"。简单地说，如果你的封面设计、排版装帧不能体现当下审美趣味，或不能反映读者趣味的变化，因循守旧，那一定会在市场上被撞得鼻青脸肿。这是从形式的角度说的。从内容的角度、选题的角度来看，适度地与时俱进，也会带来意想不到的效果。比如《旧制度与大革命》的畅销就带有某种"与时俱进"的性质，它对反思中国目前的社会状况有很好的借鉴价值。《不抱怨的世界》《正能量》的引进出版及畅销，也是"与时俱进"的结果。在中国社会转型时期，各种矛盾困扰国人，抱怨及其他负面的能量绑架国人的情绪。无论从个人的心理健康还是国家民族的建设发展来说，都需要"不抱怨""正能量"，这样的作品犹如高明老中医开出的一服对症的处方，可谓有的放矢，针针见血。这样的例子很多，比如北大出版社推出的《批评官员的尺度》等一系列引进版权作品，都是在为我们这个时代的困惑提供好的精神资源，它们生逢其时，有着积极的当下意义。

总之，刘景琳先生谈论的图书出版的"滞后"性，强调的是图书的内容品位与质地，突出图书的"经典"价值，也很好地回答了一个问题：读者在互联网时代凭什么要花钱、费时去购买一本书。如果将其与我上面谈及的"与时俱进"结合起来，也就不用再为图书没有销路而犯愁了。

《编辑之友》：有说法是："好编辑，不仅是出版企业的一名好员工，更是一件好产品。"您认同"产品"一词吗？我们可以用这个说法来描述现今编辑和出版企业的关系吗？在前文提到的三个新闻事件中，是否已经有怎样营销好编辑这个"产品"的意识？

李又顺：企业是讲求利益的，这个没错。一个精明的企业主，一定会善待一切可能会给他带来利益的事与人。好编辑是能给出版社带来良好声誉的编辑。就前面提到的三件新闻来说吧，著名作家陈忠实设奖项奖励人民文学出版社的编辑，这件事不仅仅给相关编辑带来荣誉，也同时给他所在的出版社带来巨大声誉。你想，一个重量级的优秀作家，为编辑设奖，不仅是嘉许这个编辑团队的敬业精神、职业操守、可贵品质，同时也在为这家出版企业的品牌增光添彩。这种客观上给出版社带来的美誉度，往往是花上十万元乃至数十万元做广告也未必能达到的。而盛大文学编辑团队的集体出走，则从反面证明了企业的管理者不尊重编辑或尊重不够这一现实的存在。2013年百道网发起与组织的全国好编辑评选活动，则是正本清源，把关注的焦点拉回到出版行业的重心所在。正如聂震宁先生在"中国好编辑"论坛上的发言所说的那样：没有一支好的编辑队伍，就不可能有好的出版。因此，我觉得作为出版企业，尤其要重视培养好编辑，并善于营销"好编辑"，不仅要切实做到待遇留人，更应做到事业留人。

编辑与出版企业的关系应该是良性互动的关系。好的出版企业总会创造各种有利的条件，让好编辑脱颖而出。而好的编辑一旦养成，也会给出版企业带来近期或远期的效益，包括好的声誉。因此，编辑不应该仅仅被看作是出版社的一个"产品"。如今社会早已进入各种品牌竞争时代，但一个品牌的培育与发展乃至成熟，却是一件不容易的事。对于刚改企转制的出版企业来说，品牌的概念还未能深入人心。我们今天说出版的品牌，还仅仅停留在出版企业层面，比如说商务印书馆、中华书局等是有着上百年历史的品牌出版社。但我以为，品牌的概念还需进一步引申到出版的其他层面，并发扬光大，这也是衡量出版企业是否成熟的重要标志。一个电视台可以有自己培养的著名主持人，一家广播公司可以有大牌、金牌主持人，一所大学可以有名教授、大教授，一个出版社同样可以有好编辑、名编辑、大编辑。我认为，好的编辑就是出版企业的一个品牌标识，出版企业应该充分打造并善于营销这一品牌，从而为出版企业带来更多的利益。

是否重视好编辑、名编辑、大编辑的培养及其营销，反映了一家出版企业是否具有现代经营理念与思维，反映了一个出版管理者是否具有战略眼光。我们面对的现实是，有的出版企业口头上、名义上予以重视，但实际上却不付诸行动，他们总跳不开一以贯之、习以为常、根深蒂固的"官本位"的思维定式,天平的倾斜度总随"官"位而定。有的出版企业重视"好编辑",但只是从现实收入与物质待遇上加以考量,而不大考虑为编辑人才搭建更大、更好的舞台,让他们淋漓尽致地施展拳脚。可以说,这种管理思维与模式,与建立现代出版服务业相去甚远。当然,出版界也有一些好的举措值得关注,比如有的出版社以资深编辑、名编辑的个人名义设立工作室,并在政策上、资金上予以扶持,以便于他们充分施展才华,发挥更大的潜能。

《编辑之友》:青年编辑是出版的希望和未来。"白鹿当代文学编辑奖"颁奖典礼活动特别强调了全体青年编辑的参与,"2013中国好编辑推选"活动也很明确地表示要为新进入出版业和有志从事书业的年轻人提供学习的参照。但对于青年编辑来说,要成为一名好编辑,心里常常很矛盾。一方面,要达到与老编辑同等水平的阅历、经验等,不仅底气不足,更得熬年头;另一方面,总有"其实我不愿意出这样的书,是出版社的任务"这类的抱怨。您对青年编辑这样矛盾的心理怎么看?各单位在编辑选拔和培训方面都非常注重青年编辑。这方面您有什么建议或实际经验?

李又顺:当年轻编辑刚进入出版社时,往往会被以培养编辑加工书稿能力的名义,要求审读一大堆书稿。长达几个月甚至半年、一年的时间看那些稿子（这些稿子往往是出版社积压多时的资助出版稿或人情稿），一则可能一开始就会引起他们对这一职业的反感，二则会败坏他们的胃口，会让他们错误地认为，编辑就是处理这些"烂稿子"。于是便有"其实我不愿意出这样的书，是出版社的任务"这类的抱怨发生。

应该说，年轻编辑进入这个行业总会带有一份梦想和期待。记得当初我在考虑就业方向时，毫不犹豫地推掉了一家政府部门的录用，而选择进入出版社。因为在我的职业期待中，始终有一个关于"文化"的理想和梦想，而出版社与"文化"沾边，且直接生产"文化"。我想出版社之所以能吸引年轻人，一个重要的原因，恐怕就在于文化的感召力与魅力。

因此，当年轻编辑进入出版社开始当"学徒"时，就应该充分让他们感受到、领略到文化的魅力所在。第一堂职业教育或培训课应该围绕这个中心展开。文化虽然是一个极其宽泛的概念，但必须摈弃那些大而无当的说教。可以先从身边的人与事说起。我想每个出版社都会有这样合适的人与故事可以挖掘的。一个优秀编辑做成一本好书的艰辛努力与幸福的收获，一个出版人与作家、学者的交往传奇，一个"文化"集体为了一个共同目标的实现所表现出的那种互相支持与密切配合的融洽氛围，等等，都可以作为素材的来源。

"发现"优秀文本是编辑最重要的一项本领。因为只有

照亮自己
——我的编辑世界

将那些优秀的文本从知识信息的汪洋大海中"发现"出来，然后通过自己的编辑功能输送到客户端，才能体现编辑的价值，确证编辑的存在。要善于发现，就要善于辨别、鉴别。因此，培养编辑的鉴别、鉴赏文本的超凡能力，便是对年轻编辑进行培训的重要课题。当然，这个话题说起来也比较空泛，但必须落到实处，须分门别类进行示范，告诉年轻编辑哪类文本是一流的，为什么说它是一流的，它有哪些特质与属性。你也要告诉他们哪类文本是二、三流的，为什么说它们是二、三流的。只有实实在在的个案分析，且有实例展示，才会在年轻编辑的心目中形成一个清晰的印象，日后再加上自己的观察体会与工作实践，他们才会在遇到一流的好文本时不至于错过，这自然就会缩短他们自己摸索的时间。一旦他们能在实践中获得一次成功的机会，就会鼓励他们继续走下去，而且会越走越好。

业界有编辑要成为"专家"或是"杂家"一说，而且各执一词。专家型的编辑要求年轻编辑将来要成为专家，杂家型的编辑要求编辑成为杂家。我看这要尊重每个编辑的意愿，顺其自然的好。不要先下结论，把那些刚进门的年轻人吓跑。究竟成为什么，还得要他们自己在实践中加以选择。编辑是什么不重要，重要的是能不能推出好书，能不能持续地编出好作品。如果一个编辑做着做着便成了一个学者、专家，而且有志于此，当然这并不是什么坏事，但我还是认为他选择专门去做专家、学者也许会更好。

云时代的出版，年轻编辑不能脱离这个大环境。出版社要创造有利条件，定时培训这方面的知识与技能，否则我认为就是失职。当然，对年轻编辑的培训还有很多内容，比如加工书稿、与作者如何交往、如何利用现代媒介营销等等，我这里只是挂一漏万。

《编辑之友》：现在，我们已经来到云出版时代，如何做好一名编辑、做一名好编辑的课题需要再一次延展。但关于编辑的话题永远是发展的，只要有读者，我们就需要编辑；只要人们有阅读的需求，编辑的工作就富有价值。然而，作为一名好编辑，想做一名好编辑，对于编辑的未来我们也必须走在前沿，必须时刻清楚挑战。从编辑职业的发展来看，您认为未来将面临什么样的挑战，会有什么样的新课题在等着我们？

李又顺：的确，无论是云出版时代还是其他什么时代，只要有读者，就需要编辑，只要有阅读，就会需要编辑发挥应有的作用。但我们不能不面对这样的现实与挑战：一、传统出版所面临的现实问题尚没有得到解决，需要我们在云出版时代继续作出努力。如体制机制的问题。僵化的体制与不良的运行机制仍然存在，这直接导致企业发展缺乏应有的动力。缺乏活力，人心思动，人浮于事，不讲效率，效益低下，用人、分配缺乏公平正义，裙带风、小团体意识恶化企业文化，决策缺乏民主性与科学性，持续的高库存与资源浪费现象比较严重等，再加上国民阅读书籍的质与量都偏低、图书发行渠道不畅、图书出版低水平重复、图书市场恶性竞争导致逆淘汰、肆意盗版等客观的外在环境，这一切都困扰着企业的发展，客观上影响着编辑作用的进一步发挥。二、传统出版与云出版如何兼容并备，顺应发展潮流，需要我们做出回答。我们目前所处的时代是传统出版与云出版并存的时代，或者叫由传统出版向云出版过渡的时代。虽然出版界（包括云出版）都在积极探索，但这两者究竟如何区分，如何对待，策略是什么，应对措施是什么，如何在两者之间游刃有余穿梭来往，如何正确处理两者之间的关系，什么时候该注重哪一块，什么时候该放下哪一块，什么时候又该两者兼顾，等等，这些问题一直在每一个编辑的脑海里纠缠。可以说，至今没有哪一个人给编辑一个清晰明确的说法。面对当下，我们该做什么，怎么做，这个问题原本不是问题，但现在俨然成了一个问题。对传统出版出路的担忧，对纸质出版可能面对消亡命运的焦虑，对云出版身感很近，触手可摸，但同时又茫然无措，身感很远。我想这可能是摆在出版人面前的一大困惑。

我们评价一个编辑是不是好编辑，应该怎样努力才能成为一名好编辑，往往自觉或不自觉地用传统出版的标准和要求去衡量，或者主要是站在传统出版的角度去评判。但随着云出版时代的到来，我们面临的出版环境发生了（或即将发生）很大的变化：过去找作者通常看图书、杂志、报纸，如今要看博客、网上电子杂志、网络专栏，甚至微博；过去只管书稿编辑、加工、设计、出版、印刷、发行，现在还要考虑怎样编辑书稿才能更适合其他新媒介，如手机、网络出版、视频，甚至iPad等；过去营销图书是搞作者签名、读者作者见面会等活动，现在还要搞博客、微博、视频等营销；过去新书主要在实体书店按明码标价卖，现在新书主要在网店卖而且还可以打折；过去一本书出版了，编辑可以收到读者来信反馈意见，现在则可以在网店上直接看到读者对书的评价，如此等等。再说，如果将来某一天，云出版时代占据了主流，真正形成了新的强大的商业模式，而传统出版失守主要阵地退居"二线"，甚至只是云出版的"陪衬"，那么，出版的生态也就发生了根本性的变化。新的环境必然催生新的标准，而这个新的标准是什么，将来一定会有答案。因此，我认为，"云出版时代，如何成为一名好编辑"，是我们现在就要面对的一个新的研究课题。

（本访谈刊于《编辑之友》2013年第7、8期，发表时有删节）

纸书不会消亡

十几年前，数字出版还是一个非常热门的话题，如今已成燎原之势，遍地开花，并向纵深方向发展，从而改变了整个出版的生态。

当初，我主要是从国际视野、传统纸质出版的命运和发展方向，以及作为出版的主体编辑在这变幻莫测的世界里所要把握住的根本等角度，作了一些思考，以文字的形式谈了自己的认识。这些思考与认识，我至今觉得尚不过时，仍具有现实意义。发达国家人们的阅读习惯及其对待阅读的态度，有其深刻的历史渊源。这一特性，决定了其国民怎样看待数字出版。传统纸质出版的"地盘"日益被数字出版"蚕食"，但至少在较长的时间里不会被其所取代。相反，会激发纸质出版日益走向精品化、经典化、人性化的路线，会让其蛹化成蝶、脱胎换骨，走向更高阶的"第二春"。无论技术怎么发展，生态怎么变化，编辑的功能不会丧失，编辑的使命不会改变。

人类精神文明发展的康庄大道总会一路向前，编辑负重前行的身影不会消失。

附文 当我们在谈论数字出版时，我们该谈些什么

很早就想写一篇关于数字多媒体出版的文章，但因为很多关于出版的话题总在脑中纠缠不休而耽搁下来。如今，数字出版可谓如火如荼，大有一夜之间横扫传统出版王国的强劲势头。从数字出版多次成为法兰克福书展研讨的主题，到国内无数次的有关数字出版的高层峰会，从业内紧锣密鼓忙建设布阵、开疆拓土，到业外资本的涌进及搭建各色技术平台，从出版专家们的鼓与呼，到出版外的读者、学者、教授的评头论足、著书立说，从国家层面的战略部署与重点扶持，到各家出版单位数字出版规划的制定与申报，如此种种，潮流涌动。可以说，如今你要是不谈数字出版，作为出版人你就落伍了，你就跟不上时代了，下一个下岗失业的人可能就是你了。云遮雾绕之下，传统出版社的编辑们，一时人心惶惶，手足无措，深感一下子失去了职业支点的切肤之痛。

在这样的背景之下，从业者的悲观情绪蔓延，对职业前景也深感惶惑。"不好做了""没法做了"一时成为同行聚

会时脱口而出的话语。在人们的潜意识里，仿佛数字出版是传统出版的即刻终结者，是恶魔。恶魔已然降临，传统出版已经走到了尽头。

人云亦云，某种话语的风潮一旦形成，就会像病毒一样侵入人们的大脑，吞噬着我们正常的脑细胞。这时，我们的眼睛被蒙蔽了，分析和判断的理性也会中毒，失去功能。这时，我们会像一根在空中飘荡的芦苇，始终有一种不着地、找不到家的感觉，职业的天空一片灰暗，那本该明亮的人生也因此失去光彩。而那些本该被我们关注并力图花大力气去解决的问题，甚至是极其重要的问题，也一时容易被我们忽略或视而不见。

那么，当我们谈论数字出版时，究竟该谈论些什么呢？

我们在谈论数字出版时，应当清醒地认识到我们所处的出版环境和背景，与国际出版巨人们谈论数字出版所立足的环境与背景，是截然不同的。

我们现在已处于"全球化"的时代，出版也似乎同国际"接轨"了，版权贸易正日益变得频繁起来。尤其是自从国家实施"文化走出去"战略以来，有关国内图书版权输出的"佳绩"不断，也可谓"喜讯频传"。但我们不能据此就断定，我们已经或即将与国际出版的水准接近。贝塔斯曼集团自创立以来已经拥有176年历史，是《财富》杂志公认的全球500

强企业，是在世界上居于领导地位的媒体集团。它们在世界上50多个国家和地区开展电视、图书、杂志和媒体俱乐部等业务。据前几年媒体报道，这个由德国一个小镇起家的大型综合出版集团，一年的收入相当于我们全国五六百家出版社的四五倍，甚至更高。兰登书屋是贝塔斯曼旗下的一家出版社，总部设在美国纽约市。书屋于1924年成立，它也是全世界最大的大众图书出版集团，是一家在文化和商业两方面都取得巨大成就的、充满创意和活力的公司。兰登书屋每年出版的新书有1.1万多种，包括精装书、平装书和电子书等，涉及17个国家/地区的不同语言，每年销售5亿多册图书。它也拥有世界上众多著名的作家，包括政治名人、诺贝尔奖得主和畅销书作家。企鹅集团是世界上最大的大众图书出版商之一，企鹅的商标形象被评为出版界最受喜爱的商标之一。企鹅出版集团为全世界100多个国家的读者出版发行小说、人文社科类图书、畅销书、经典图书、儿童图书以及参考书，规模位居世界前列。和这些国际出版巨头相比，虽然我们有商务印书馆、中华书局这样的老牌出版社，而且历史也已突破100年，但无论是现代企业制度下的管理水平，还是成熟的市场化运作能力与国际影响力及实力，均不能同它们相提并论。这些市场化程度高的国际化出版集团，在数字化浪潮中凭借其拥有的雄厚资源优势及成熟的管理模式，主要面对的是一个如何转型的问题，是一个如何适应数字化出版的问题，相对比较单纯。因此，它们在应对数字出版时，就会更加从容，步履也更加稳重坚定。正如企鹅英国出版公司CEO汤姆·韦尔登一如既往沉着地说："我们的使命依然是发现最好的作者，并把他们带给尽可能多的读者群，寻找到合适的新场所和传统媒介来推广我们的作者。"英国兰登书屋出版集团董事长兼CEO容锦仪在面对数字化时代的浪潮来袭时，胸有成竹、满怀信心地说："我们将看到由出版商直接吸引消费者带来的越来越大的增长驱动，出版商投资建立面向不同读者的网络社区，使用消费者洞察工具，通过对消费行为和读者兴趣点的观察分析来直接面向消费者营销。"

我们在面对数字化出版潮流的时候，就不单单只是一个怎么转型的问题了。我们面对的问题相比较而言似乎很复杂。我们还没有形成一个较为成熟和发达的市场体系，出版单位才刚从计划体制走出不久，作为市场主体的"企业身份"也才刚刚确立，建立现代企业制度还是一个遥远的目标。国民阅读率虽有所提高，但总体来看，还没有养成良好的阅读习惯，人均购书及阅读量均排在发达国家之后，与欧美国家相比，国民阅读的数量和质量及由此塑造的国民素质，差距不小。以应试教育为特征的国民基础教育的功利化，也催生了国民阅读的功利化，加剧了出版市场和阅读现状的恶化。引导和培养国民阅读习惯的养成，倡导一种非功利化的阅读，让阅读回归阅读本身任重而道远。改革开放30多年来，出版经过飞速发展，截至2011年，中国年出书数量已达到37万种，出版大国地位由此确立。但我们离出版强国究竟还有多远？近日，《人民日报》发表了一篇文章，题目叫《库存滞涨——中国出版业没有发展的增长》，这篇文章指出："出版繁荣的景象之下，却是日渐沉重的库存负荷。全国新华书店系统、出版社自办发行单位纯销售额从2005年的403.95亿元增长到了2011年的653.59亿元，而年末库存则从482.92亿元飞涨到804.05亿元。6年时间，两者的剪刀差从近79亿元增长至150亿元——库存跑赢了销售，更多图书只能在仓库中蒙尘。而实际的状况，似乎比统计数字更严重。"由此可以看出中国出版业存在的问题有多么严重了。滞涨和库存是结果，其中隐含着的问题应值得我们反思。近来，国内出版机构纷纷组建集团，肆意扩张，突飞猛进，追求跨越式发展。一大二公，追求规模的扩张，而往往忽略了出版内生机制的养成。这种扩张机制对出版而言效果究竟如何，尚有待实践的检验。从近几年国内数字化出版的情况来看，也存在不少问题。据新闻出版总署最近关于数字出版的指导文件归纳，我国数字出版主要的问题有：出版单位各搞一块，集约化程度低，分散，数字出版的内容及主题缺乏吸引力，投入较大，产出较低，不成比例。

这些问题的根子，也许在前数字化时代就早已埋下了。

我们在谈论数字出版时，要搞清数字出版的本质是什么。

2009年6月，在维也纳举行的第十七届国际数字出版会议上，澳大利亚的学者提交了由澳大利亚政府基金支持的一个课题项目——"出版在发展：数字出版的潜能"，其中对数字出版下了这样一个定义：数字出版是依靠互联网，并以之为传播渠道的出版形式。其生产的数字信息内容，建立在全球平台之上，通过建立数字化数据库来达到在未来重复使用的目的。这个定义有几个内涵：第一，它是通过互联网进行传播的；第二，它生产的数字信息建立在全球平台之上，通过互联网全球平台共用；第三，通过一个数字化的数据库来达到在互联网环境下对作品重复使用的目的。这个概念的核心是"重复使用"。互联网环境下对作品进行重复使用和把一份纸质的东西变成多份（传统出版），通过多份变成多人阅读，其本质上也是一致的。出版和数字出版的概念在本质上的共同点，就是把一份内容变成多份内容，在网络环境下就是把一个人阅读通过互联网变成多人阅读，即重复阅读（引自阎晓宏《出版与数字出版之版权本质》一文）。由此看来，数字出版并没有改变出版的本质。自然出版的本质没有变化，编辑的功能和作用也没有发生变化。不可设想，同样在数字化出版的今天，如果少了编辑对海量的文本信息的整理、舍取、发现与加工，将会出现一种怎样的混乱局面。读者将花费怎样的时间与精力，在汪洋大海的信息里去寻找自己所需要的、有价值的信息呢？

特定历史时期编辑所承担的推动历史巨大进步的使命，今天同样适用。曾经有编辑因出版《汤姆叔叔的小屋》而引起了美国历史上声势浩大的黑奴解放运动，从此改变了美国历史的走向并加速了文明的历程；也有编辑因出版《寂静的春天》而引起了美国乃至全球性的绿色革命，从此，环境保护、爱护地球家园的观念深入人心。20世纪80年代，国门刚打开不久，一群先知先觉的编辑们闻风而动，大量引进西方文化经典，从而引发了一场惊天动地的社会文化思潮，激荡着千万学人。近期中央政治局常委王岐山同志推荐国人（尤其是领导干部）阅读托克维尔的《旧制度与大革命》一书，具有强烈的警示意义。一石激起千层浪，这本书一时被人们争相阅读，各大书城也不断传来脱销的消息。可见这本书的编辑具有先见之明，功不可没。同样，即使是在将来数字出版完全取代传统出版的那一天，也完全需要编辑在数字出版中发挥其应有的主动性和能动性，把最有时代价值的文本信息竭力推荐给它的读者，就像高明的老中医在把脉之后，开出一剂活力十足、最有效果的处方。

我以为，无论传统出版还是数字出版，内容的优质化是其共同的本质要求。一本受读者追捧的纸质书，也会在数字出版平台上大受欢迎。同样，最初发表在网络数字平台上的作品一旦火爆，也会在纸质的书上得到一样的反映。因此，传统出版和数字出版存在良性互动的一面，它们的完美组合，最大限度满足了读者的多元化需求。

当我们弄清了数字出版的本质之后，从事"传统出版"工作的编辑就会少一些迷茫、困惑，多一些对自己职业的自信，多一些对自己职业的神圣感、使命感，也就会多一些对自己职业的坚守。

我们在谈论数字出版时，也不要忘了我们的出版体制还迫切需要深化改革，以激发出版企业内部的活力与创造力。

若干年前，随着国家改革步伐的加快，出版界曾经出现过一段充满活力的改革活跃时期，那时候崇尚打破"大锅饭""铁饭碗"，出版社员工能进能出，干部能上能下，待遇能高能低，一切以能力与业绩为本位，打破身份制，一切努力向市场化转变。可不知从何时起，改革的步伐停滞不前，甚至又退回到改革前的旧有体制里。如今，稳定而牢靠的"铁饭碗""体制内"似乎又成为若干"有志"青年们追逐的目标。放眼望去，每年浩浩荡荡、有增无减的公务员考试大军就是一个有力的明证。效率低下，机构臃肿，管理落后，决策的随意化、非民主化，体制僵化，官本位，外行领导内行，论资排辈，人浮于事，搞不同身份制，同工不同酬，分配不合理，等等，这些国有企业都有的弊端在出版界也迅速抬头并牢不可破。这几年，出版社虽在改革中"前进"，转了企又改了制，但打上计划体制、行政管理烙印的一整套管理制度基本依旧。出版社真正需要的人才进不来，不适合从事出版行业的人又难以出去。而已有的人才又得不到应有的尊重，不能充分发挥其应有的作用。这样的环境还谈什么活力与创造力呢？这样的制度环境下，生产的有效性就会大打折扣，图书大量库存、滞销不可避免。

我们在谈论数字出版时，不要为一部分人的好奇、追逐"新潮"而乱了阵脚，要坚信传统出版仍有可作为的时间和空间。

在传统出版向数字出版的过渡时期，一部分读者、学者、专家、教授，因为看到了数字出版的优势，便以自己的实际行动，用最具现代化气息的装备，成为数字阅读与写作的急先锋。看着他们有点耸人听闻的聒噪，你感觉到仿佛就在一夜之间，所有的人不再购买和阅读传统纸质出版物了。然而，事实却并非如此。数字出版确实是一场革命，是一个大趋势，但任何新生事物在取代"旧事物"时，总不会一帆风顺、一路高歌向前的。"前途是光明的，道路是曲折的"，这就给传统纸质出版留下了空间，甚至还是不小的空间。我一直对同事说，传统出版不要气馁，还有活路。首先从事实上看，各书城的销售及当当网等各大网店的销售，并没有因为数字出版的迅猛发展而销量迅速下滑。相反，倒有几个例子证明数字电子书的销售并非有些人想象的那样乐观。据报道，当当网这几年投资500万建立电子书销售平台，而近年的实际销售收入没有达到他们的预期。美国亚马逊电子书的销售也传来经过几年的迅猛增长之后增速放缓的讯息。著名出版机构阿歇特的新任CEO近日也发表声明，说传统出版仍大有可为。从国内有关数据报道来看，儿童书的出版与销售还增长很快，节节攀升。而好的优质纸质出版物，依然是众多喜爱书的读者竞相购买的对象。

　　如今的数字化阅读还处于以休闲、娱乐为特征的"浅阅读"阶段，其向深度阅读的转变尚需要一个比较漫长的过程。一方面是阅读习惯的转变和养成需要时间，另一方面，技术的革新与完善也需要一个相对漫长的过程。这就注定了传统出版与数字化出版两者之间，有一个相互竞争的过程。相比较传统纸质出版，数字出版的优势显而易见。但反过来看，相比较数字出版，传统出版的优势也日益被激发出来，从而焕发出独特的魅力。有读者就喜欢那种纸质新书散发出的诱人墨香味；有读者就是喜欢在茶余饭后拿起一本喜爱的书随意随性阅读，并在纸上随意勾画；有读者为了装点他的书房，宁愿购买那些纸质的皇皇巨著打点精神的门面，以保持与那些"优秀头脑"之间的关联。这是数字出版一时无法达到的。更何况，我们的传统出版远没有达到尽善尽美的地步。比如，精美绝伦的设计，与人有一种天然亲近的优质纸张的选用，优雅的装订，精致的印刷，等等，国内书业在这些方面存在的由来已久的差距，你翻看一下日本的书就会立马感觉到了。品质高贵的思想穿上高雅漂亮的外衣，你还怕没有读者青睐吗？

（本文发表于2013年3月6日"百道网　李又顺专栏"，收入本书时有改动）

编辑力来自哪里？

不同的时代，对编辑提出的要求各不相同，编辑的素质培养与能力锻造，也应随之迁移与变化，从而让自己变得更强大。改革开放四十多年，中国逐步走向世界，世界也不断融入中国，这就要求编辑在立足中国本位的基础上，充分履行好向世界推广中国文化并引进国外先进文化为我所用的使命与职责。技术的发展，带来传播方式、传播媒介由传统单一形态向多元立体化方向发展的巨大变革，这就要求编辑将触角深入到多种传播领域发光发热，在各个领域敢闯敢做，争做"排头兵"。以内容品牌为核心的文化生态构建力，考验着一个出版人的整合营销推广能力。用现在比较通行的概念表述就是"融合出版"，融合出版相比较传统出版而言，是一种复合出版形态，它要求编辑也要具备复合的出版能力。能力哪里来？从勇敢地投入实践并努力学习、锻炼中而来！

附文　转型期出版人的五种力量

面对新的出版环境，在传统媒体向新媒体转型及融合发展的过程中，出版人要努力锻造哪些能力呢？

中国文化融入力

经济的发展必然带来文化的繁荣与复兴。近十年以来，随着中国传统文化热的蔓延，各种国学班如雨后春笋在中华大地上勃兴，人们在茶余饭后或工作之余，积极参加各种琴棋书画培训与交流，以期提高自己的传统文化素养。人们不仅自己寻求这种学习的机会，还特别重视为自己的下一代寻找这种契机。传统文化学者鲍鹏山在几年前开办的以少年儿童为传授对象的国学经典班"浦江学堂"，很受社会欢迎。自第一期招生开始，报名入学人数期期爆满。从现实来看，"浦江学堂"每期招生人数远远不能满足社会的需要。"浦江学堂"如今在上海已经陆续开办了近二十个班级，办学规模日益扩大，并在近期成功登陆北京少儿国学经典培训市场。在国学热的大背景下，也孕育了很多出版机遇。出版人只有积极融入时代洪流，才能捕捉机遇。中华书局去年推出一本《中国古代物质文化》，该书可谓适逢其时，以其精致与丰富的内容呈现了以往被我们有意或无意忽略的中国古代典雅且有品位的物质生活，从而吸引了大量读者，最终赢得了市场并获取了丰厚利润。短短时间内，该书市场销量就突破了一百万册。

与世界同步力

改革开放打开国门之后，中国人又一次睁开眼睛看世界，并逐步融入世界文明的潮流。就出版而言，近十几年来国外优秀作品的版权输入呈爆发性增长势头，掀起了一浪高过一浪的出版大潮。从文学小说、财经管理、心理励志、少儿读物，到社会科学、学术著作、大众科普、经典巨作等领域的畅销书排行榜单中，版权书一直占领半壁江山，甚至占据一大半江山，这种版权书在国内出版界唱主角的现象在这十年里已经司空见惯，而且有持续蔓延的趋势。有眼光且进取的出版机构及出版人，已然抓住了这个出版市场的契机，捷足先登，纷纷融入世界顶级出版机构、学术机构及能生产世界一流精神产品的组织，占领出版制高点，力争与世界出版同步，从而将中国出版纳入世界出版体系，使中国出版市场成为世界出版市场的有机组成部分。这种信息同步、出版行为同步，正在从广度与深度上改变并提高国民的精神素养。

与世界同步的能力，是中国社会改革开放向纵深发展对出版人的时代要求。这种要求还包含了另一层内涵。中国需要融入世界，同样，世界也需要了解并深入理解中国。如何完成这种使命，出版人责无旁贷。出版人在了解世界的同时，也应将中国文化及时、同步并有效地推向世界，从而让中国文化融入世界文明体系，成为人类精神谱系的一个序列。所有这些，都为新时期出版人提供了巨大的作为空间。

机遇发现力

做出版该知道风会向哪个地方吹，是谓能看清"大势"。大势看清之后，就要善于发现各种"机遇"。在别人还没发现的时候发现，才叫机遇；当大家都发现的时候，某种意义上，就不叫机遇。举个例子：如今无人不知的星巴克咖啡，其创始人舒尔茨原来也是草根出身，他在一家销售咖啡豆的公司工作，工作期间他向老板建议，另辟蹊径销售咖啡。老板没有采纳他的建议，舒尔茨很快辞职自立门户，终于打造出咖啡行业的商业帝国。出版界这样的例子也有不少，虽然没能像舒尔茨那样做成那么大的事业，但其灿烂辉煌依然夺人眼球。去年在出版界掀起一股狂潮的《秘密花园》系列的出版，就是一例。艺术化的美图描绘，色彩斑斓，不仅让人身心放松，又能起到审美的艺术效果。一支笔、一本描绘书——这种廉价的甚至是原始的手工劳作方式，既经济又能把人带回到那种身心紧密凝聚在一起的朴素劳动中，让人真正体会到劳动的欢愉与审美的意趣——这一切正好为被焦虑、烦恼等负能量所困、久居水泥钢筋所垒筑的城市丛林中的人找到了有效的情绪出口，从而备受都市白领的青睐与追捧。《秘密花园》在出版上的巨大成功，正在于出版者首先发现了巨大的潜在市场（普遍的焦躁情绪与心理负能量），然后又寻找到了满足这个潜在市场需求的最优的产品方案。前几年《不抱怨的世界》《正能量》在书业的横空出世、横刀立马、横扫千军，也是这种路数的成功案例，所不同的是，《秘密花园》可以说是前两者的创新升级版。

以品牌为核心的文化生态构建力

放眼望去，整个出版的大生态是由若干个出版圈构成的。从出版者角度而言，分为若干个出版社、出版公司以及无数大大小小的以微信公众号为代表的互联网出版平台，它们构成一个完整的出版大生态；从产品属性角度来看，出版大生态由不同的出版产品、不同的产品线、不同的产品板块等所构成的无数产品圈组成；从作者角度而言，出版大生态又由无数以作者为轴心所构成的圈组成。在传统媒体向新媒体转型（融合发展）的互联网时代，原先的出版格局已分崩离析，各种网络出版、虚拟出版、微信平台出版"乱花渐欲迷人眼"。在这种纷繁复杂的情势下，出版者要有一种文化整合及以品牌为中心的微生态（相对整个出版大生态而言）构建能力。

这种整合能力及微生态构建能力，不仅表现在传统媒体与新媒体的融合上，更多地表现在以品牌为核心的系统建设上。以构成完整出版大生态的作品圈为例，当出版者发现某种文化产品具有极大市场潜力的时候，就要力争把它打造成某个细分市场的品牌。当这种细分市场的品牌建立之后，就要着手建立以作品为核心的"系统工程"，从而开始系统地运作与营销。如产品资源的立体、多方位开发，漫画、网剧、影视剧、舞台剧、有声读物等；从作品延伸到作者，根据作者的特质，进行有针对性的市场营销，甚至可根据作者的影响力，为某一产品代言，为某一特定客户群体定制某种衍生产品等。还有围绕产品核心，针对某一受众群体，开通专门的微信公众号进行运营，与广告商合作，等等。总而言之，新的出版环境下，品牌的打造至关重要，它是适应互联网环境下出版微生态系统构建的前提与基础。而品牌的打造，往往不会一蹴而就，既要遵循出版的本质与规律，又要按照市场的逻辑与法则运行，这一切都要出版人付出长期艰辛的努力。

超级推广营销力

好的文化出版产品要有好的、强势的营销推广方式。前段时间有一个为高大上合唱艺术做的旋风般的极具穿透力的营销方式，值得所有文化产品营销者、推广者（包括出版从业者）借鉴，这就是曾在微信广泛传播的《张士超你到底把我家钥匙放在哪里了？》。故事从一个（受害）少女（少妇）责备一个花心负心汉开始，略带哀怨的情感基调及故事发生地点（上海五角场）和人物（张士超、华师大的姑娘）的具体确定性，一下子把受众（读者）带入一个真实的情境，并在瞬间触动了他们的神经。在众多读者（受众）的神经紧绷起来之后，在一颗颗为情感所充盈、脆弱的心被吊起来之后，故事及故事的故事在持续升温、发酵，并从外延和内涵两个层面延伸。最终一个带有欧洲经典歌剧风格的高雅合唱团——彩虹合唱团浮出水面，并几乎在一夜之间为广大受众所熟知。这个强势营销的模式就此大获成功，它也必将成为当下文化产品宣传、推销的经典案例。这个营销案例给我们的启示有两点：

其一，情境（故事）设置达到迅速抓住目标读者（受众）神经的效果，让受众一时欲罢不能，继而产生"追剧"的强烈渴望；

其二，故事的设定与要推销的产品紧密相连。在读到《张士超你到底把我家钥匙放在哪里了？》这个在极短的时间内在微信蹿红的故事之后，只要我们对欧洲经典歌剧略有赏析基础，就能产生一种似曾相识的感觉，甚至觉得这个故事情境就是某出欧洲经典歌剧的现代中国版。当最终指向（内容、产品）水落石出之后，读者（受众）会恍然大悟，甚至击节叫好，天衣无缝的联想撞击出巨大的火花，从而让读者在记忆中烙下深刻印痕。据说创作这个营销方案的文本作者只花了极短的时间，这个文本是他的恣意激情之作。这也给总体缺乏活力与激情的中国出版从业者以深刻的启示。

（本文发表于2016年2月17日《出版商务周报》线上新媒体，收入本书时有改动）

把自己变成"平台"

若干年前,新媒体公众号的兴起,引发了人们对各种"平台"的关注。可以说,每一个公众号就是一个出版平台,尤其是那些动辄拥有千万粉丝用户的大号,更是积聚了海量的"客户",为产品市场的开拓,打下一片片深远的蓝海。"平台"的搭建,显然很重要,以至于一位业界著名出版人呼吁,要把自己变成"平台"。但平台不是随意就可以搭建成的,这是摆在传统出版人面前的一个大的"难题",迫使出版人加以思考、行动。

附文 转型之道:从"图书编辑"到"平台编辑"

近日,出版社一套厚厚三卷本"冷门书"——《日本电影史》,经某一专业平台的一篇极具诱惑性的网文(图文并茂)

推介、宣传，迅速引起一股购买旋风。短短几天内，经由平台链接进入出版社官方微店的读者，就购买了近千套！要知道，这套所谓"冷门书"定价可不菲啊，一套近200元。而且，这是一套出版社库存的"旧书"，自去年出版后发行总数有没有几百套也不敢保证呢。"冷门书"爆出热话题，至今还在撞击着出版社里的编辑出版人。

之所以发生了这样的"奇迹"，全拜互联网微信公众号平台所赐。互联网出版发展到今天，已成百家争鸣、百花齐放之势。出版的分工及专业化、精细化程度甚至远远超过了传统出版业。就以上那家平台而言，专攻"电影"，几乎每天推送有关电影的趣闻往事、大片新片动态、明星传奇情史、热门电影评论、经典影视欣赏等等，音频、视频等多媒体手段一应俱全，已然将大批目标读者客户、粉丝紧紧锁住。可见，这样的平台，已不仅仅是一本传统意义上的电影杂志了，其内容的丰富性、及时性、连续性、趣味性、互动性等等，不知已超出一本单纯意义上的传统专业杂志多少倍。

"冷门书"爆出热话题，至少能说明两个问题。其一，互联网平台已然多样、丰富、火爆，它们对所匹配的"内容"是多么渴求，尤其是对经过专业化编辑劳动所展示出的"优质内容"（纸质书样本）的依赖度是多么大。这恰恰证明了一个经验丰富、积累深厚、眼光独到、能提供与互联网平台相匹配的"优质内容"的专业编辑,其存在是多么有价值。其二,互联网平台出版,也为编辑人提供了广阔的用武之地。

传统出版社,尤其是大型综合性出版社,如何开辟新的发行渠道、减少日益高涨的"库存",一直是一个亟待解决的问题。如今,互联网平台的建立与迅猛发展,为这一问题的彻底解决,似乎展现了光明的前景。出版社只要能继续发挥自己的优势,做出好的内容产品(书),然后找到(或建立)相应的平台(一个或多个),就可以把产品卖出去了。就传统编辑个体而言,似乎擅长发掘什么内容,擅长做什么书,都要与相关平台建立稳固的联系并良性互动,这样既可以优化选题结构,增强自己工作的针对性、目的性,又可以确保自己所策划的图书的有效销售,从而摆脱"我是编辑我可耻,我为国家浪费纸"的尴尬处境。

互联网平台的出现,为编辑人所带来的机遇与挑战,远不止于多卖几百上千本书这个层面。它所提供的广阔的施展空间及创造性的发挥余地,更多地表现在编辑人与平台之间的紧密合作与联系上。如果说以上案例还仅仅解决的是一个传统出版意义上"产品产销匹配""产品精准销售"的问题,那么,编辑人与平台的无缝对接及有机"匹配",才是互联网出版条件下解决编辑人出路的根本之道。

编辑人与平台的无缝对接及有机"匹配",是"传统出版人"

(图书编辑)向"互联网出版人"(平台编辑)的一种转型。如下表所示,这种匹配给编辑出版人带来前所未有的挑战。编辑要完成从传统内容发现者、编辑者向互联网条件下内容的发现者、"编导者"角色的过渡。传统出版环境下,编辑基于市场动态的研究分析,发现市场读者的新需求与新趣味,策划选题以至最终创造出内容产品并将之推向市场。如今,互联网平台出版几近瓜分天下,工业化时代统一的大市场已为无数个以平台为核心的社区所取代。一本书、一个作者、一个学者号令天下的时代几乎一去不复返(当然,超级大V除外)。编辑要融入平台社区,发挥自己的专业特长,就必须完成自身的蜕变。这种蜕变来自所面临的出版环境的改变。

传统编辑与平台编辑工作方式的异与同

传统编辑	平台编辑
选题(发现内容)	选题(发现内容)
设计(封面、版式)	音频、视频、多媒体技术运用
宣传广告语提炼	平台宣传(网文撰写)
地面书店、网店	微店

从上表可以看出,纸质出版与网络出版编辑所面对的环境发生了改变。虽然编辑在策划选题、发现内容时,心里对受众群体是"有数"的,一定明白谁是该内容的购买者、消

费者,但平台编辑在这一点上会更加明确,因为任何一个平台,尤其是已经成长起来的、拥有数十万用户或具有高成长性的平台,本身就具有锁定目标客户的专属性。面对互联网微信平台,传统意义上的"编辑"不可或缺,不可或缺的不是自然意义上的某个个体,而是他经过市场的历练与经验,知道如何发掘好的内容资源,明白内容资源与受众如何有机衔接,以至于最大化地呈现与发挥内容的价值。在这一点上,二者是相通的。

平台编辑,顾名思义,就是面对平台如何有效呈现编辑所发掘和掌握的内容资源。就某一内容资源而言,哪些适合以音频形式呈现,哪些需要视频助力,这是平台编辑要明白的;过去为了宣传图书,提炼精彩的广告语用于报纸宣传或网店陈设,现在要面对互联网平台,而如何使用"平台的语言"黏住受众,这是平台编辑的日常功课;作者具备什么特性,如何利用平台特性加以开发利用,这一点也必须要考虑到;平台用户的"痛点"在哪里,如何紧紧抓住这个痛点,利用互联网技术手段做好精彩文章,这是平台编辑的重中之重;平台编辑面对的是新的消费及购买形式——微店,如何开微店或将自己的创造性成果陈列在微店上,如何定价,如何引导客户实现购买行为,这些都是新课题、新挑战;平台用户基本需求一致,而他们的内在需求又是多元的,如何在满足核心需求的同时满足衍生需求；等等，这些都是平台编辑所要研究的。

传统意义上的编辑所具备的历练（对优质内容资源的发现、利用及对市场的洞察等），天然地契合平台编辑的内在诉求。当然，这还远远不够。除此之外，还要承担起"编导者"的角色，调动多种手段，具备多种技能及素养。有一种观点似乎很流行，认为传统编辑受制于"传统"，不适宜平台新时尚，这将被证明是错误的；而另一种观点则重平台技术、手段，忽略或轻视编辑人员的历练、素养，这也是错误的。

在互联网出版环境下，还有一种现象似乎说明"编辑"或"平台编辑"的可有可无。那就是作者（尤其是优质作者）面对平台，直接与平台"签约"，跳过了"编辑"这一环。对某些作者而言（包括平台本身），短时间内或许"业绩"还不错，但从长远看，这是不可行的。因为任何一个作者（包括平台）都有其局限性，对瞬息万变市场的把握，对内容资源的多元化、最大化开发利用，对作者的持续营销，等等，这些都要发挥作为专业人士的"编辑"或"平台编辑"的作用。

（本文发表于《出版商务周报》2016年8月28日，收入本书时有改动）

一切皆有可能

　　曾几何时，随着互联网技术的飞速发展，新媒体读书会像雨后春笋，在华夏大地遍地开花。最有名的有罗辑思维、樊登读书会、凯叔讲故事、十点读书、为你读诗等。很多创办人是电视、电台主持人，他们能说会道的职业专长及大胆的创意与想法，一时风光无两。慈怀读书会的创办人非主持人出身，也非读书"业内人士"，而是一位曾经的互联网创业者。在二十年前的第一波互联网创业的大潮中，他融到了一笔不菲的创业资金，高达500万美元，但随着潮水的退落，在烧光创业资金之后，他上岸当了一名民办高校的大学老师，教授计算机及商业课程。机会属于有心人，当一波公众号创业潮开始启动的时候，他闻风而动，捷足先登，创办"慈怀读书会"公众号，继而创立由二三十个子公众号组成的矩阵，一度吸引500多万粉丝用户，俨然成为一个极有影响力的新媒体集团。

这些新媒体读书会,是个新事物,他们给传统出版带来极大的冲击。读书会以"书"为本,线上线下互动,他们不但带大家一起读书,还自己策划出书,并运用自己动辄拥有几十万、上百万甚至上千万的粉丝用户的巨大优势,精准地向客户售卖图书产品。原有的静态的、稳定的传统图书市场,就这样被这个新事物"搅局"了,继而陷于一片茫然失序中。据报道,光罗辑思维在巅峰时刻,一年销售的图书实洋就高达上亿元。

互联网技术的变化与发展,一直在影响着传统出版的走向。传统出版何去何从,出版人如何应对,这个话题一直有探讨的必要。但有一点是可以肯定的,新媒体技术的不断发展与完善,给传统出版不断带来新的"搅局者"与挑战者,我们何不自己抓准机会,勇于做这样的"搅局者"与挑战者呢?!

附文 新媒体读书会与传统出版

随着网络技术的发展,移动互联网社区化的各种读书会风起云涌。早前有罗辑思维,后有樊登读书会、慈怀读书会等等,而且还不断有媒体人员加入到这个看起来极具爆发力且前景广阔的阅读大市场。这一切似乎表明,所谓移动互联网"知识付费"的时代已然来临。

　　罗辑思维的成功尝试在读书出版界引爆了一颗耀眼的核炸弹。最初只是高级心灵鸡汤脱口秀，后来俨然成为热门的知识贩卖者，前几年通过电商平台，一年的纸质图书销售额就达数亿元之多，简直是个天文数字。它的横空出世，给景气指数向来不算高的书业注入了一针强心剂，在某种程度上也改变了过去单调沉闷的知识生产方式。樊登读书会先人一步，凭着某种敏锐的嗅觉，率先站在了一个扑面而来的强大风口上，利用便捷的新媒体平台，组织服务团队，系统地引领读者读书，并为读者制定切实可行的读书计划，以确保读者在一年内能够阅读一两百本好书。这种系统地为读者提供全方位阅读服务的新媒体机构，收费也不贵，其性价比之高，令不少人惊呼：天下竟有此等好事！

　　慈怀读书会仿佛是后起之秀，是创始人陈晓峰先生"无心插柳"的结果。陈晓峰先生一向低调、务实，当他的事业发展已风生水起时，也不事张扬。他原先是一位大学教师，几年前利用业余时间创办慈怀读书会，并开始组织线下读书活动。慈怀读书会开宗明义——因书明理，以慈怀道，昭示着这位曾经的大学老师"慈悲为怀、读书明理"的胸襟与理想追求。他一方面在线上不断推送文章（主要是转载），另一方面在线下精心安排、策划读书沙龙，让读者互相切磋、平等交流、思想碰撞。经他之手推送或编选的文章,几乎都是软糯香甜、咸淡适口的"心灵鸡汤"(本文中的"鸡汤"不含贬义),或涉职场打拼之道,或涉婚姻经营之法,或是人际处世心得精要,或是心灵修炼醒悟真言。因这些文字都深入浅出,道出了某一人生情境之理,再加上文字间满溢慈悲情怀,有人间关怀与"大爱",从而吸引了众多读者。入心入肺的文字再配以优美悦耳的音乐及富有感染力的朗读,让人每读(听)一次,都难以释怀。如今,慈怀读书会发展迅猛,在一个总号的基础上,又发展出了十几个分专号,有女性成长、女性情感系列专号,有《红楼梦》读书会、《三国演义》读书会、《水浒》读书会、《史记》读书会、《古文观止》读书会等系列专题读书专号,此外,还开发了系列微课。如今,慈怀读书会用户已发展到400多万读者,可谓大观。之所以能在短短的几年内取得如此骄人的成绩,陈晓峰以平静、朴实的一句话给出了答案:"鸡汤"是"刚需",一要好看,二要有用。

是的,是"鸡汤"成就了慈怀读书会,也成就了很多新媒体公众号。对很多读者来说,"鸡汤"就是心灵导师或心灵按摩师,每当困惑之时,他(她)总能获得一份启迪,总能打开心结,让心灵重回自由、重获阳光。正因为这样,众多读者才会离不开它。在微信号上,一篇有分量、有内涵的高质量"鸡汤"文,往往在极短的时间内就能获得10万加的阅读量,而且评论众多。

　　线上"鸡汤"线下活动(自发组织、自由活动,去权威化、中心化,相互尊重,平等交流),这就为不少读者营造了一个极其舒适的、可依赖的精神社区——心灵归属地和精神家园。"社区化生存"是目前新媒体环境下人们社会化存在的一大特征。以前就有天涯社区、豆瓣社区为其典型代表。尽管"鸡汤"是刚需,提供的是"短、泛、浅、快、碎"(这是有的媒体概括当下阅读文化的几个典型关键词,姑且用之与所谓严肃阅读、深阅读、整体性阅读、系统性阅读等相对照)的精神食粮,能解决很多读者的"精神温饱"问题,但以读书会为载体的社区,如果仅仅停留在提供"鸡汤"的层面上,是远远不够的。因为,就读书而言,追求高一阶的精神食谱,拓宽精神的边际与界面,提升精神的层级、质量,乃是社群的精神成长之需。

　　这也为读书会提供了巨大的作为空间。不同的读书会面对的受众各有不同。可针对受众的年龄、性别、文化水准等制定相应的对策,在开发新的项目时(比如微课设置、书目选取、读书计划制定及整本书导读的形式等)做到循序渐进、有的放矢,从而不断引导受众向上成长。罗辑思维从一开始就找准了精英受众的定位,它起点高,一出场就站在了一个较高的精神层级上。它讨论的是与我们当下及未来密切相关的宏大、深入的主题，可谓眼界宏阔，关切深厚。当然，它的话题往往是由一本极有阅读价值的图书生发开去。比如，它就曾推荐过我策划编辑的《隐权力——中国传统社会的运行游戏》一书的作者，由此引导读者反思历史。相较而言樊登读书会受众面比较宽泛，而慈怀读书会网聚的受众很多则是女性读者，且80后居多。

新媒体读书会与传统出版形成互补，它也成为推动传统出版转型升级的无形力量。慈怀读书会将在微信平台上编辑发表或转载的文章结集出版成纸书，并通过微信平台广告，一本不到10万字的"鸡汤"散文读本（除了两位知名作家之外，全为默默无闻之辈），6.5个印张，32开，195页，封面白卡纸，正文80克用纸，内有十几页彩色插画，定价42元，书名为《把生活过成你想要的样子》（也挺"鸡汤"的），一年销售了近15万册！这貌似看起来抢了传统出版的饭碗，但就目前读书类微信公众号而言，它们尚不具备生产极其专业内容的出版物的能力（除非书号管理放开），它们现在或将来要做的"升级版"读书会，也大都是推荐、讲解更高阶图书，而这些"好书"，也多数是由传统出版社运作出版的。它们围绕精美图书做文章，或开发微课，或系统深入讲解，或制作音频视频等，它们这样做对图书的价值予以展示，是件好事，其结果就是帮助了传统出版社做了图书的深度营销。就拿罗辑思维来说，尽管它从传统出版社那里挑书,后又根据自己的理念进行加工包装,但最终脱不了与出版社的合作。因此,短期看,传统出版社不会有大的危机。危机只在于:传统出版社有没有持续策划、生产更具阅读价值的图书(真正的精品图书)的能力!

　　真正的以人为本、慈悲为怀的是像慈怀读书会这样的新媒体,它们从无到有、白手起家,靠的是抓住受众内在的需求并精心加以开发、维护,持续不断地给予广大受众以心灵的雨露阳光,才最终从深海中泛起,引起关注。爱即慈悲,也许这正是它们成功的秘诀与前行的力量。传统出版人应从它们那里获得启示。

　　　　（本文发表于《出版商务周报》2018年4月22日,发表时改名为《传统出版可借力新媒体读书会探索知识付费》,收入本书时有改动）

经典之树常青

在谈到什么是经典以及阅读经典有什么好处时,著名作家梁衡先生曾说过:常说为经,常念为典。阅读经典,收获的不仅是粮食,还有种子,不仅是鱼,还有渔具和捕鱼的方法。古人说,授人以鱼不如授人以渔,阅读就要读经典。

经典有很多种。有文学经典、社科经典、自然科学经典等等。一个人需要读什么经典,应由所处的具体情境而定,不能一概而论。人的精力与时间有限,再伟大的人,穷其一生,也不可能读完所有人类的经典。因此,对于编辑和出版人而言,要策划出版经典,首先要搞清楚所针对的特定的读者人群。

附文 经典是门好生意

朋友寄来几本书,一眼望去若有所思。都是些世界名人传记，如《圣雄甘地传》《俾斯麦与德意志帝国》《富兰克林自传》。这些名人传记都是一些声望卓著的名记者或学者所著，在西方世界流传了很久。无论传主或作者，都堪称经典范畴。

为表示谢意，我给朋友打了个电话。电话那头，朋友一扫往日的阴霾，话语间生机闪现。他说近十年来的默默努力种下的那些"树苗"，曾经不知道死活，现在看来大多数都已活了过来。电话里，他信心十足地说，明年再接再厉，招兵买马，扩充队伍，将他的"小书商"生意点一把火，让火苗烧得更加明亮一些。

近十年来，我在体制内见证了这位朋友的"小书商"生涯。他先是一个人离开体制，创办了一个工作室，后又正式成立一家小公司。员工也就一两个人，一张桌子一把椅子，寄居在一个熟人的办公间内。朋友的志趣在于做经典外版书。在与版权代理洽谈好第一本外版书之后，又寻来合适的翻译者，他的"事业之船"便正式启航了。

在前几年出版界"一切向钱看"的巨大声浪中，他的声音被淹没了。本来小打小闹也就不起眼，何况又是在初创阶段。在畅销书独占鳌头的海洋中，我也为朋友的那艘"经典"小船捏把汗，期望它不被大浪掀翻。后来看到他的一套近十本的经典名译"西方数学文化理念传播译丛"沉甸甸地被装入这艘经典航船并大放异彩的时候，我的眼睛也亮了起来。

这套书深入浅出，接地气，只要具备了一定的相关素养，就可以浏览领略得其精髓，甚至可以深入探究下去。它们中的代表作有《西方文化中的数学》《什么是数学》《后现代思想的数学根源》等，原作者都是20世纪大名鼎鼎的世界数学教育家、数学史学家与数学哲学家。这套书让中国读者大开眼界，丰富了对西方文明的认知，让读者感到，在西方文明中，数学一直是一种重要的文化力量，也让读者对整个数学领域中的基本概念及方法有了透彻清晰的认识。这套书自出版后一再加印，已成为出版社（合作方）的"镇社之宝"之一。

朋友在电话中说他这么多年来种下的那些"树苗"终于有了"绿意"时，不免有些激动。他说那些年只管埋头做书，也不知道"死活"。现在不断接到出版社那头传来"缺货""加印"的消息，甚至十年前出的一套书也有出版社愿意再版，这一切让他感到这么多年来的辛劳终于有了回报，也让他看到了一个文化公司的未来与希望。

大约十年前，基于对图书市场的观察与洞悉，我也深刻体会到：真正的经典永不过时。经典不会成为废纸。我曾对朋友说，只要用心做经典，库存不会轻易成为废纸，最坏的结果也无非是孔夫子旧书网及那些流通环节的专业书贩子来"低价"吃掉存货。出版如果定格在经典的层面并树立经典的意识，也不会轻易溃败与倒下。就拿现在的市场来说，我们还不断听闻有人在做线装经典呢。

就出版的本质而言，某种意义上说就是传播经典。一是出版被时间证明了的经典之作，二是出版未来可能成为经典的作品。但经典作品不是一成不变的，要不断赋予它时代的内涵。时代的内涵表现在"内容"与"形式"两个层面。就内容来说，不断的解读，不同层面、不同角度的解读，才能让经典不断鲜活起来，从而注入不同时代人们的精神与灵魂，以至发挥它应有的价值与作用。从形式来说，也要赋予经典以不同时代人们的审美情趣及现实需要。

经典的生意可以让一个小书商看见希望，焕发生命意志，也可以让一家传统出版企业起死回生。

中华书局是一家百年老店，在20世纪改革的大潮中，曾经面临着巨大的困境，前途未卜。就在痛苦的挣扎与摸索中，中华书局抓住了央视《百家讲坛》的风云转换（面向大众），实现了成功转型。《于丹〈论语〉心得》风靡一时，洛阳纸贵。在尝到经典的时代解读、大众化阅读的甜头后，这家百年老店一改往日经典只能束之高阁、高昂头颅的认识误区，在经典走向平民化的道路上狂奔不止，从而释放出巨大的活力。

经典的生意也可以让一个学者的生命大放异彩，让一个时代的人们沐浴在经典的辉煌殿堂。

易中天品三国，可谓在新形势下将经典的趣味化、大众化解读推向了一个高潮。十年前他在上海书展签售活动上那人山人海的盛况，至今回想起来也会令人怦然心动。一个沉寂了大半生的历史文化学者，从此声动天下，名闻遐迩。打上时代烙印的平民化、趣味化、形象化的经典解读，成就了一个学者，也让一家出版其作品的出版社度过了一段激情辉煌的岁月。《易中天品三国》等系列作品，一时成为众多粉丝抢购的商品。创造性地解读经典，赋予经典更多时代及个性的内涵，让更多读者沉浸与沐浴在活生生的而不是僵硬的经典的殿堂，易中天可谓创造了一个奇迹。

台湾地区的南怀瑾可谓经典解读的时代先锋，他本人也成为经典解读个案中的"经典"。早在20世纪70年代，随着台湾地区经济的飞速发展，人们对文化的内在需求与日俱增。文化学者南怀瑾是"好雨知时节，当春乃发生"。当他以一种别样的平易近人的演讲方式，向大众解读经典《论语》时，引来如潮的拥趸。南怀瑾从此一发不可收，在经典的通俗化、趣味化、平民化的康庄大道上阔步前行。后来他不断将战场移向中国香港、美国（华人社区）、新加坡，乃至在20世纪末扎根中国大陆，一举兴办太湖大学堂，将他的事业进行到底。南怀瑾的每个点、每个布局都踩得很准，犹如精确制导导弹的发射。在大陆传播国学，他也是适逢其时，追随者不计其数，顶礼膜拜者不吝将"国学大师"的桂冠加在他的头上。多年来，以他的讲演稿整理的数种出版物畅销不衰，作品版权成为多家出版机构争夺的对象。

美国学者尼古拉斯·卡尔在新书《浅薄》中指出，古登堡发明的活字印刷术唤醒了人们，深度阅读随之成为普遍流行的阅读习惯，在这种阅读活动中，"寂静是书中含义的一部分，寂静是读者思想的一部分"。今后，随着互联网技术的运用与发展，深度阅读将会持续式微，完全有可能变成规模越来越小的少数知识精英群体的专属活动。换言之，我们将要回归历史的常态，"深度阅读的时代"或许只是一个短暂的例外。在一个"浅阅读"渐成"常态"的时代，对出版者而言，经典及经典的多样化解读，仍不失为一门好生意。

（本文发表于《出版商务周报》2015年12月15日，收入本书时有改动）

书名响当当，何其难也！

　　上海的全家连锁超市有句广告语：来全家可实现"五日三省"——省时，省钱，省心。这个假借用得好。记得十几年前，我还见到一家涂料生产企业的广告语——"专做表面文章"，其妙处令人啧啧称赞。当然，为书取书名不是做广告，但都是给人看的，而且也都是想让人过目不忘，所以，取书名与做广告，多少有几分相似之处。

　　取个好书名，确实不容易，里面大有学问。概而言之，所取的书名，既要恰到好处地揭示书的内容主题、特点、用处，也要生动形象，具有"读者缘"，能让读者眼里一亮，心里一动，被其吸引。但放眼茫茫图书市场，能达到此要求的不多，甚至寥寥无几。原因在于，编辑出版工作十分琐碎，取书名只是其中一个环节，在很多编辑眼里，甚至是一个不那么重要的环节。加之编辑工作的纷乱以及编辑任务一个接一个、一环扣一环，编辑根本无暇顾及太多，所以，很多图书的书名就在仓促之间，以一个平平常常甚至有些"奇怪"的文字标签，流向了书的海洋。

相较而言，一些民营出版公司就比较慎重。他们拿到一本好的书稿，每个环节都认真打磨，取书名也是他们的重中之重。没有一个"响当当"的好书名，他们宁愿不发稿或拖延出版、印刷时间。我还听说过，他们为一本重点书取书名，就足足花费了一年多的时间。

附文　书名煞费思量

给好书取一个好名，犹如给好马配一副好鞍，天作之合，水到渠成，自然会有意想不到的好结果。说是这么说，做起来却并不容易。放眼书界，琳琅满目，一张张色泽不同、材质不一、做工迥异的封皮，包裹着一个个沉睡在封套里的文字灵魂。书名也是千差万别。有一篇文章，专写市面上的各色书名，作者以批判的眼光，罗列了千奇百怪的书名，一如奇装异服，庸俗、恶俗者不乏其例。更有甚者，商家为博读者眼球，取书名时简直到了赤膊上阵、裸露肌肉、三观尽毁、不顾颜面的程度。

最近看到的几个书名，不愧为书界的优秀者、精英者的"杰作"。央视新闻主播郎永淳不知从何时起，成了人们关注的焦点。先是他本人通过努力，事业节节攀升，直至登上了《新闻联播》的高峰。吐字清晰，音质醇厚，得到观众的一致好评。后来，传出他爱人生病的消息，传出他如何热爱家庭、体贴病妻的生动感人故事，经媒体传播报道，在广大观众中引起强烈反响。爱妻患病后，他不离不弃，先是精神鼓励、物质支持，身体力行、体贴入微，后是为争取更好的医疗条件送妻子出国治病、争取更好的教育条件送儿子出国念书，而且考虑周全，虽自己一时脱不开身，也要让他们母子在这关键时刻相扶相伴——一个男人应有的责任心可谓渲染得淋漓尽致！这出有些凄美的爱情故事持续发酵，大有感动天下所有男人女人之势。好雨知时节，当春乃发生。一本《爱，永纯》的人物传记横空出世，不知吸引了多少读者的目光！一个事业成功的男人，一个把家庭、爱人、孩子时刻背负在自己肩上的男人，本身就是这个时代的稀缺之物。物以稀为贵，一时洛阳纸贵，便不足为奇了。"剧情"的高潮还在后面：当这本以爱为主题的当代名人传记在各大书城及三大网店热销的时候，一个"坏消息"也是"好消息"传来了，郎永淳已从央视辞职。媒体剖析其辞职的原因是：妻子的病由先期的稳定走向反复，他为了应对这个挑战，选择做妻子抵御疾病、捍卫生命的坚定的后盾！还有一个原因是，虽在"高大上"的央视工作，但那些工资远不能满足妻子高昂的医疗费支出。瞧,高潮涌现:这不是"爱的永纯"是什么?!唉,佩服这本书的运作团队,他们从传主名字那里获得了灵感与启示,做了一件顺天时、合地利、随人和的漂亮事。

同是央视新闻主播的白岩松,最近也推出一本书,叫《白说》。这很有意思。白岩松快人快语,才思敏捷,敢于言说,敢于最大化利用并挑战自己言论权利的边界,冷峻而深刻,激情而理性,从而奠定了他在江湖的"大佬"地位。他从前也出版过一本书,叫《痛并快乐着》。"痛并快乐着"不仅反映了他淋漓尽致的评说,也从某种意义上触碰到了那个时代很多人的"痛点"。书名这几个字,也成为一时人们街谈巷议的话题。如今,在这个以多媒体、新技术为背景的众声喧哗的时代,似乎人人都有了"话语权",人人都可以成为一个"白岩松",但限于体制的无奈,很多言说虽浮出水面,却汇入千千万万人言论组成的汪洋大海,依然悄无声息。说白了就是:说了也白说。看似简单的一个书名,又不经意间触碰到这个特定时代的"痛点"!呵呵,这个运作团队,又一次从作者的姓名上找到了"真理",找到了秘籍,佩服!《白说》既是白岩松"说",同时又是这个时代无数人的"说",尽管无甚用处,还得说!

说说体坛个性十足、战绩辉煌的网球名将李娜。对中国体坛来说，李娜可说是一个"另类"，不知从何时起，她一直游走在固有的体制（国家体制）之外，算是一位体坛"个体专业户"，为此她饱受争议。但她没有理会这些，只顾打自己的球，只顾精进自己的球技，只顾与世界强手一争高下。这个意志坚定、勇往直前的刚毅女子，连续创下了多个奇迹，震撼国人，震撼世界，被视为真正的"民族英雄"。在她功成名就之际，出版商推出了她的一部个人传记，记述了她不凡的奋斗历程。苦难与辉煌总是相生相伴，在历经苦难时，她总是自己默默承受，之后又默默"上场"。这部传记的名字叫《独自上场》，与传主的个人经历、命运及个性特质非常契合。你再念念这个书名的几个字，仿佛有一种发自内心的悲壮情怀，一种穿越古今的巨大的悲悯意识油然而生，继而产生一种力量，一种推动生命车轮隆隆前行的力量！试想在人生的舞台上，我们每个人又何尝不是"独自上场"呢？！

因此，好的书名一定与人的性格、气质相投，与书的灵魂相投，与这个时代的灵魂相投。

（本文发表于《出版商务周报》2016年10月21日新媒体，改名为《起书名：编辑的硬功夫》）

增加对作者的黏性

一家民营书业靠做畅销书成功上市，业绩非凡。业绩主要体现在图书的销售额与利润上。做编辑很多年，一个体会是，要对作者"负责"，不仅要把书做好，各个编校环节、装帧设计、印刷等要得到作者的认可，还要尽可能地让作者付出的劳动，得到最大限度的"回报"，这种回报，主要体现在经济层面。只有如此，出版者才能增加对作者的黏性。如果是一本"小众"的学术书，你也要尽量在"小众"领域做到最好，实现"最大值"销售。当然这只是在理论层面谈论，实际的情况并不乐观。尤其是在一家"综合性"出版社，要做到这一点，很难。往往是，出书品种很多，单品销售数量节节下滑，很不理想。导致这种结果的原因很多，但有一点是，出版单位的产品线不够清晰，甚至混乱不堪。主打产品不明朗，品牌优势不明显。或者产品线清晰，但产品的影响力不够，创新不足，目标读者不买账。

我们参照、描述别人的成功之处，不是要刻意去模仿别人，而是要从中获得成功的启示，以便更好地改进我们自己的事业。

附文　从新经典看内容创业之道

近期，出版界，或叫"内容创业"界，发生了一件大事，那就是新经典文化股份有限公司在上交所成功上市，一举创下一家民营书业仅靠优质文化内容资源创业登顶的纪录。一时间，舆论哗然。

十五年的创业路，不断书写传奇。从童书《爱心树》《可爱的鼠小弟》分别发行 165 万册、883 万册，到《窗边的小豆豆》发行 960 万册，从三毛《雨季不再来》《撒哈拉的故事》《梦里花落知多少》等系列发行 1150 万册，到路遥《平凡的世界》发行 1200 万册、马尔克斯《百年孤独》发行 560 万册……另据报道，该公司 2017 年第一季度营业收入近 2 亿元，利润达 6000 多万，分别较上一年同期增长 5.75% 和 30.05%。该公司还拥有 3000 多种优质内容版权，囊括世界多位诺贝尔奖及其他各种重要奖项的顶尖作者，其中包括中国的多位顶尖作家。骄人成绩的背后，人们不禁要问，是什么成就了新经典的辉煌？

对作者负责什么？

孕育新经典辉煌的基因，正在于他们自己朴素的经营理念：对作者高度负责，对作品高度负责。如何"高度负责"，见仁见智。但我以为，在当下的出版环境中，"高度负责"主要体现为为作者及其作品的"价值最大化"而努力。让作品"价值最大化"有两层含义：一是让作品社会效益最大化。而衡量这个效益最大化，不是单纯指我们所理解的评个什么奖之类的——当然能获奖更好，但不能把努力的重心放在这里。某种意义上说，即便获了奖，如果作品被束之高阁，仍没有多大意义。我所理解的这个效益最大化，应通过发行和销售的数字来反映。任何作品都天然地携带"扩张"的基因，没有人不希望自己的精神产品被更多的人所享用，因此，市场环境下，作品的社会效益一定程度上必须通过经济效益来体现。二是让作品的经济效益最大化。出版早已改制，每个出版企业都以追求经济效益为己任，这也使得企业的目标与作者的目标相一致。

如何对作者负责？

作者创作的每一部作品，从诞生之日起，就带有自己独特的属性。认真对待作者及其作品，不能仅停留在表层的"审读""纠错"的阶段,而要深入作品的内核机理,善做一个潜泳者,捕捉与打捞作品信息海洋里的每一朵浪花与每一丝涟漪(包括作品让读者试读的反应及作者以前作品在读者市场中已有的反馈),这样才能全面而准确地把握作品的"习性"与"气质",才能在以后开展的各项活动中居于主动地位并富有成效,从而让每部作品实现价值最大化,真正将对作家及其作品的"高度负责"落到实处。青年作家蒋方舟曾说过,她的灵魂里一直住着一个"直男",因此,她的文字世界极富魅力,一经出手,既能抓住女性白领的神经,也能让男性白领击节叫好,两边都占了,不可谓不成功。作为内容经营者,心里也应该住着"作品"与"作者",只有这样,才能深谙作者及其作品的独特秉性与魅力,才能完成对作品的一次真正"审读"。

以新经典为例。日本推理小说作家东野圭吾的系列作品《嫌疑人X的献身》《白夜行》等出版以后,广受欢迎。在编辑团队接触作者的另一部非东野圭吾"典型性作品"(即后来出版的《解忧杂货店》)以后,他们一度感到束手无策,甚至"傻了眼",尤其是在这本书最初被翻译成《奇迹的浪矢杂货店》之后。编辑团队经过半年多的讨论,出版营销整体方案几易其稿,虽然最后定下来,但他们仍然感到哪里不对劲,尚存不足之处。后来,一筹莫展之际,他们向"读者"伸出求援之手。他们利用各种途径先后与作者的一千多个粉丝读者就该作品进行了深入的沟通与交流，获取了大量极有价值的信息。这种直接来自读者的信息，让他们豁然开朗，茅塞顿开。这便有了后来的《解忧杂货店》的书名，也有了不同以往的新的宣传策划整体方案。在编辑的努力下，该书推向市场后销售不俗，而且遥遥领先于作者的其他作品，单本就创下发行396万册的天量。

内容创业生存之道

从新经典成功案例来看，"内容创业"要想取得成功，关键在于两点：一是发现极具"传播力"的作者及其作品，这一点极其重要。一道美食，优质的天然食材至关重要。再高明的厨师，食材不理想，他也只能使用各种手段，多用"添加剂"，结果味道虽"美"，但是离自然健康甚远。二是努力打造极具"传播力"的平台，这需要培养一支专业素养过硬的队伍。这支队伍不仅能够发掘与培育极具"传播力"的优质内容资源，还要能做到"内容"与"市场"的无缝对接，做到有的放矢，从而收到"精准打击"市场之效果。只有做到了这两点，才能使作者及其作品传播价值最大化，也才能做到对作者及其作品"高度负责"。

（本文发表于《出版商务周报》2017年6月4日）

架起一根天线

社会是由人组成的，人的情绪、心理在一定条件下，会汇聚成一条看不见的"河流"，产生某种"势能"。这种社会势能的形成，会预示着某种"方向"性的趋势。做编辑的，要深入社会，努力把握这种势能与趋势。在讲谈社做了35年总编的鹫尾贤也在《编辑力》一书中，就如何做好编辑意味深长地说："编辑要时刻在自己的意识里架起一根天线，随时捕捉社会的风向。"可以说，能准确把握社会变化发展的某种"势能"与"方向"，就能策划出版有针对性的图书产品，从而为社会所需，也能带来较好的经济效益。编辑切不可闭门造车，整天把自己关在书斋和办公室里。

附文 编辑做畅销书要"势利"

关于"势"字,《现代汉语词典》有一种解释就是:一切事物力量表现出来的趋势。与之相关的词语有"势必""势不可挡""势如破竹""势态""势头""势焰""势在必行"。凡事物形成一种力量及趋势,犹如箭在弦上,引而待发或不得不发。

中国传统文化历来强调人们的行动要遵循顺势而为的原则,因为只有这样,才能于事有功,取得成效和成功,反之便于事无补,甚至失败,此所谓"势利"。只有顺势而为,才能给人们带来实际的好处与利益。

"势"对编辑很重要,做出版也要借势而为。只有顺势而为,方能成就一番事业。这样的例子在出版界也很多。就拿创造"新经典文库"一个又一个奇迹的出版人陈明俊来说吧。记得是十几年前,随着日剧和韩剧在中国大陆的风行蔓延,催生出一波又一波的日剧和韩剧的热播潮流。唯美浪漫的爱情故事,家长里短的温情细节,不知打动了多少中国观众。凭借这一"势头",作为出版人的陈明俊先人一步,开始引进与热播剧相关的日本和韩国的原创畅销小说。由于许多日剧和韩剧都是根据这些小说改编而成的,所以,在国内一出版,便在读者中引起强烈反响。沉浸在温情浪漫的电视剧故事里面不能自拔，他们便继续购买小说原本来阅读，为的是挽留与延伸心中的那份美好。这样电视与小说互动，读者、观众叠加，从而引发一场日本和韩国原创小说在中国出版和阅读的大潮。这一次成功的尝试，为陈明俊的团队带来丰厚的经济回报。

有了这次成功经验，陈明俊接着把触角伸得更长，继续在异国他乡的文化土壤里寻觅宝贵资源，然后把它与国内的某种社会"势头"嫁接起来，从而实现自己的目标。前几年当《德川家康》皇皇数十部一字排开铺陈在各大书店的显要位置时，人们为之惊叹不已。随后，它俨然成了都市年轻白领们竞相购买的热销读物。乱世出英雄，在日本的那个"乱世"英雄辈出的年代，丰臣秀吉脱颖而出，成就了自己的辉煌。乱世、苦难、磨难历来是砥砺英雄不可缺少的背景与条件，正因为它们才使得英雄具有巨大的感召力和影响力，才会激励正处于人生奋斗与磨难阶段的千万年轻人不顾一切地实现自己的梦想。这样一部史诗般的英雄传奇，正暗合了转型中国社会中正在艰难升起的一个个年轻人心中的梦想，他们梦想的汇集，便构成了恢宏壮阔的"中国梦"。

近些年来，诺贝尔文学奖不知不觉搅动起中国人的神经。随着经济的高速发展，中国的国际地位及影响力不断上升，与其地位相匹配的诺贝尔文学奖便是隐隐藏匿在许多中国人心中的一个梦想，并呼之欲出。加之处在多重矛盾困惑之中，

照亮自己
——我的编辑世界

孤独感如影随形,盘踞在中国人的心中挥之不去。可以说处在转型期的中国"大时代"也同时孕育着一种"大孤独"。于是在一个正确的时间出现的一部正确的大书,横空出世,迅速占据各大畅销书榜,耀眼明亮——一如他的策划人陈明俊,明亮而"君临天下"。这部一出世便备受读者青睐的"大书",便是曾在1982年获得诺贝尔文学奖的拉美魔幻现实主义代表作家马尔克斯的文学巨著《百年孤独》。努力创业、追求成功、渴望诺奖以及巨大的孤独感,在人们的心灵深处形成一个一个或明或暗的"势"。

好像还没有哪个时代能像今天的中国这样,经典解读、经典阐释一如雨后的春笋生机蓬勃,满园春色。出版改制为企业,企业面对市场,而市场又不是抽象的,是由一个一个具体的读者所构成的。因此,出版社也不能再像过去那样与读者相隔膜。市场导向即以读者为本位,满足更多读者的口味,应是当今出版社的生存之道。也因此,昔日"高高在上""板着面孔"的经典著作,也"低下"高贵的头颅,由"阳春白雪"蜕变为"下里巴人"。于是,经典的时代解读一时蔚然成风,出版经典的解读本、阐释本,也乐此不疲,蔚为大观。例如,易中天说《三国》,于丹说《论语》,鲍鹏山说《水浒》等,还有四大名著青少年无障碍阅读本,《道德经》《孙子兵法》《三十六计》《庄子》《孟子》《周易》《浮生六记》等传统文化经典也纷纷推出成人"无障碍本"。这样的势头还将发展下去。本着为读者提供更加美好、更加优质读物的宗旨，对经典解读的创新之举，仍将有着广阔的出版市场前景。

中国出版界以出版古籍经典著称的品牌大社中华书局，曾经走过了一段艰难探索的发展之路。面对改革开放"势"的变化，是以不变应万变还是因势利导以变应变，是一件关系生死存亡的大事。以当时的掌门人李岩为代表的团队，克服重重阻力，及时转变思路，顺势而为，在一个正确的时间推出一部正确的书《于丹〈论语〉心得》，从此打开经典的当下解读之闸门，也使一家行走在危机边缘的老企业浴火重生。巨大的市场成功，鼓舞了这个团队，他们一发而不可收，充分利用自身的品牌优势，随后出版一系列经典新读之作，也继续得到市场的强烈呼应。思路决定出路，他们在"新"字上做文章，在"势"字上下功夫，从出版物内容的重新解读，到图书包装设计的推陈出新，无不以市场读者为本位。由于顺应这个时代潮流，顺势而为，顺势而下，最终激活了全盘资源。一盘激活，全盘皆赢。据有关数据显示，2012年中华书局年销售码洋超过4个亿，这比之前困顿无望、举步维艰的时代，不知强了多少倍。

有一个成语叫"狗仗人势"。狗都能借势而为，发威发飙，一逞其强，更何况聪明的人呢！作为出版人，当下依然有着许多"势"可以凭借，比如，微博时代人们对权力在阳光下运作的民主诉求，网上无序混乱、吵吵嚷嚷的时代人们对有序规则及理性的诉求，躁动不安、灵魂无所归依的时代人们对幸福安宁的诉求，社会不公、价值观扭曲的时代人们对公平回归的诉求，负能量充斥的时代人们对正能量回归与渴望的诉求，食品监管缺位人们对健康饮食的诉求，身居闹市环境污染心身疲惫人们对远足青山绿水、更加宁静广阔宜居环境的诉求，随着经济条件的改善人们渴望摆脱粗鄙生活、对优雅生活的诉求，如此等等，都是隐含在社会表象之下的一种或明或暗或隐或现的"势能"，这些"势"也为我们编辑提供了广阔的驰骋空间。

（本文于 2013 年 10 月 18 日发表于"百道网　李又顺专栏"）

编者与作者的关系微妙

　　作者与编辑、出版社的关系比较复杂。有作者只认编辑的，编辑从一家出版社"跳"走了，作者的书稿也随之"跑"了。也有编辑不跑书稿"跑"的。编辑还是这家出版社的编辑，但所策划编辑的图书卖得好了，等版权期一到，作者就将书稿拿到别家出版社去出。当然，也有不"跑"的。不"跑"的，要么是编辑改行了，要么是编辑不想"挖墙脚"，还有就是作者认为他的书在那家出版社销售得不错，担心如果变动，会影响其市场销售。在市场环境下，编辑与作者的关系很微妙，不能一概而论。

　　成熟的图书市场，消费者的心理及作者的心理也是相对成熟的，消费者理性判断，不盲从，作者成名成家之后，也会"知恩图报"，不见异思迁。但现实不容乐观。编辑为某一作者作品的出版花费了大量心血，甚至扮演着"发现者""幕后推手"的角色，但作者一旦成名，却不能拒绝利益的诱惑而接受别家出版社伸来的橄榄枝,在优厚的物质条件引诱下,他们转而将作品转移他家,这让"发现"与栽培他的编辑心寒。"见利忘义"不只是市井小民所为,也是某些学者的主观选择。

成熟图书市场条件下的"管理制",是建立在相互信任基础上长久的合作关系。这既保障了作者的利益,更让编辑的劳动得到有效保护。

编辑与作者的关系,最理想、最完美的要数电影《天才捕手》中大作家托马斯·沃尔夫与他的图书编辑麦克斯·珀金斯之间的友谊关系,他们彼此信任,互相成就对方。

附文 出版的"代理"与"管理"

前不久,就某一作者委托版权代理一事与一书业朋友聊天,在交谈中,他冷不丁地说出他们目前在做作者的版权"管理"尝试。这触发了我的神经。朋友年轻有为,很有锐气。他曾在书业两大著名公司(新经典公司和磨铁公司)效力,先后发掘了不少后起之秀,在业界声名鹊起。在2013年首届"中国好编辑"颁奖典礼上,他主持了编辑论坛的上半场,给我留下了深刻印象。

说到对作者的"管理",其实早有体制外的出版公司捷足先登了。在业界,"果麦文化"为人们所熟知,在这家往年并不低调的公司里,潜伏着数个具有市场轰动效应的"大佬级"作者,如早先时候的韩寒、安妮宝贝等。前几年,果麦又将易中天收入囊中。从"签下"这些作者的时候起,公司便开始了对作品及作家品牌的塑造与"管理",也开始了对作品版权的全方位运营。从版权输出到作品改编(韩寒打入电影圈),再到市场营销,"管理方"与"被管理方"配合默契,从而取得了稳定的预期效益。为取得更好的市场效果(符合双方利益),公司内部采用项目招标制。一个好的项目拿来后,竞标人必须对作品的属性、市场的定位、营销的策略,甚至作者的个性、喜好、志趣等,均了如指掌。公司领导在竞标人的各自系统陈述之后,最终择优而用。胜出的竞标人便拥有了自组团队、动用公司优质资源运作的权益。竞争下的责、权、利结合及资源配置的优化,极大地调动了员工的积极性,激发了员工的创新能力。符合市场机制的高效率,也赢得作者的信任。这些年来,这家公司的大佬级作者队伍极其稳固,力量还在不断壮大。著名年轻翻译家李继宏也加入了这个团队,其"李继宏翻译作品系列"(一二十种),赢得众多读者的喜爱。复旦大学著名古典文学教授骆玉明,也为公司奉献出优秀作品《诗里特别有禅》。由于公司运作的高效率与市场的成功(相比较同一作者的类似作品在其他出版社的命运），骆教授给予了极高的评价。

业界翘楚如今在尝试对作者的"管理"制——实际上也就是发达成熟的市场经济条件下的"经纪人"制，这可以说是一种进步。尽管这样的制度在西方发达国家已经有上百年的历史，但就是这样一种"进步"，也不是国内书业界所普遍认可并采用的。可以说，如今很多的出版机构与出版人（尤其是在体制内），甚至还没有这样的理念。他们仍在昔日的窠臼里挣扎，在蛮荒的原始田野里，刀耕火种。

对作者及其创作进行"管理"，体现了三个明显特征：一是全方位。为了让作者竭尽全力进行创作，编辑与以往单一处理作者书稿的任务不同，几乎需要承担与作品版权及作者相关的所有事务。如：作品的编辑、加工、修订、出版，一般化与个性化的市场包装与宣传，多媒体条件下不同出版形式的呈现，版权交流与输出，作品改编影视剧的烦琐事务，作者及其作品构成的特定品牌的打造及其运营，各类商务合作，等等。既然是管理，就有一个成本和效率的问题，这对编辑提出了更高的要求。

二是稳定性。作为建立在相互信任基础上的管理方（出版人）和被管理方（作者），一旦形成这种合作关系，便具有了相对的稳定性。这种稳定性符合双方的利益，减少了过去合作的不确定性所带来的种种弊端，比如，出版方基于某种顾虑不肯在作者方投入更多的资源，这便不利于某一出版品牌的培育与打造。作者方也是见异思迁，身在曹营心在汉，谁给的版税高就将书稿托付谁，这往往会丧失与出版人深入沟通交流乃至合作的机会，也不便于自己将来更好地成长。合作的长期性、稳定性，便于双方磨合，知己知彼，有利于在市场上取得成功。

三是双赢。在以往的实践中，出版方往往处于弱势地位。一旦挖掘、发现某一好作者或将某一作者培养成熟，这个作者就可能被"高价"挖走，"远走高飞"。由于付出与回报不成比例，出版方也就没有动力去做这些事了。而长期性、稳定性、全方位的合作关系，便于出版方精益求精、深耕细作某一有前途的作者及其作品，也会获得更多的收益。

"管理制""经纪人制"是充分发达的市场经济制度的产物，也为出版人（编辑）提供了更大的发展空间与利益保障。在传统社会，编辑一盏枯灯，几份黄卷，审读稿件，翻阅资料，皓首穷经，只为解开一个句点或索引上的疑惑，一旦查漏补缺胜过一般人，便得了一个"知识渊博、功底厚实"的美誉，成为编辑人中的佼佼者。而编辑人的价值很大一部分也便体现在这里。一部皇皇大著的诞生，一个学界泰斗的横空出世，往往倾尽了编辑人的心血。如今的市场经济条件为编辑人、出版人实现自己的人生价值，提供了更广阔的舞台。随着管理制、

照亮自己
——我的编辑世界

经纪人制的诞生与发展，出版人就不仅仅"为别人做嫁衣"了，在成功的道路上他们可以更加挥洒自如，像千百种其他职业一样，他们同样可以分享成功的喜悦与收获。

阅读的美好

　　每个人阅读的最好时代是青少年时期。不幸的是,我的青少年时期正闹着书荒,更何况,我又生活在穷乡僻壤。偶然得到一本书,总是欣喜若狂,夜不能寐。记得小时候,村上有一当兵的青年,每当他从部队返乡探亲之时,有些害羞的我,总是在奶奶的陪伴下,来到他家索要书看。我记得那些小书一本一本,很单薄,都是关于老一辈无产阶级革命家的故事书。直到上初中,我有幸得到一本图书馆的《安徽文学》,连夜把它读完了,一些关于男女美好爱情的文学细节描写,至今仍在我的脑海里温柔地来回荡漾。

附文　编辑的开怀与舒心

　　做编辑纯属半路出家。之前做老师那会儿,期待着每天

照亮自己
——我的编辑世界

给学生上课,就像每一天都要赴一次心灵的朝圣之旅。做总经理办公室秘书那阵子,各色人等都对我露出"甜蜜的笑",让我如沐春风。可当我明白那"甜蜜的笑"是冲着"总经理身边的人"来的时候,就很少笑了。做编辑以来,笑过几次,是开怀的笑、舒心的笑,每个细胞都开出一朵春天的花来——而这时候,一定是我编出一本实实在在的好书的时候。

莎士比亚在《哈姆雷特》里有一句经典台词:我身在胡桃壳里,却是无限的主人。当遭遇这句台词时,我眼前瞬间掠过一道闪电。经典意味着人生智慧的高度浓缩与结晶,此时,它正与我的人生经历及深刻体验产生激烈的撞击。

霍金在他的《果壳里的宇宙》里引用过这句话,想来这句经典台词对霍金产生了巨大的影响。我在想,也许正因为有了伟大的戏剧家莎士比亚,才造就了伟大的天文学家霍金。

可以说,我们每个人都处在不一样的"胡桃壳"里,被有形与无形的绳索所束系与局囿。循规蹈矩者只会在"胡桃壳"里寄居,日复一日,一生都不曾看到"胡桃壳"外面的精彩,而伟大如霍金者,就会勇于冲破"胡桃壳"坚硬的外层,到达外部自由而灿烂的世界。我们每个人是不是都要有点这种勇气呢?!

我的小学、初中时代,适逢"文革"后期,除了几本枯燥无趣的教材,几乎无书可读。若是运气好能翻看到几本图文并茂的"小人书",那简直就是天大的惊喜,比吃上一顿肉还高兴（那时候只能在逢年过节时分凭票购买少许猪肉）。可见，单纯、"思无邪"的少年时代，对"精神食粮"是多么地渴求。我最难忘的一次阅读经历也正发生在初中时代。

闹书荒的年代，一书难求，踪迹难觅，遑论在远离文化中心的乡村田野与一本好书相遇。而我也就在这样的时候遇上了一本"好书"。记得一个很偶然的机会从同伴那里得到一本马烽、西戎著的长篇小说《吕梁英雄传》，欣喜若狂，如获至宝。记得那是一个星期天，天气阴沉。我吃好早饭就捧读起来，渐被书中吕梁山地区的人民与日寇斗智斗勇的英勇事迹所感染、吸引。小说故事情节跌宕起伏、引人入胜，让对外面的世界充满好奇与强烈求知欲的我欲罢不能。不知不觉间，已到黄昏点灯时分，我终于酣畅淋漓地读完了整部小说。其间不知道妈妈催我吃饭几次了，我都置之脑外。

那次阅读的经历在少年的我的心中留下了深深的印痕。时间长了，书中的故事虽已淡忘，但那种专注及美好的阅读体验已悄悄地永驻在我的精神密码里，时刻温存着我，照亮着我，乃至成为我精神成长的一座不可磨灭的华丽驿站。每每回望，都让我回味无限，幸福无比，枯竭的灵魂瞬间溢满清冽的甘泉。

（2018年世界读书日前夕，应百道网之约所作命题作文。2018年4月24日发表于百道网）

路在脚下

从业一二十年以来，传统出版一直面临着变革与挑战，从未终止。这种变革与挑战均来自外部。首先是体制内的出版面临着体制外的出版的挑战。体制内相对保守，效率不高，体制外观念开放，效率较高。其次是整个出版（不分体制内、体制外）面临着互联网新技术发展带来的巨大挑战。在变革与挑战的时代，很多传统出版人迷茫、困惑，但融媒体时代也带来了很多"看不见"的机遇，尤其是对于初入行的新出版人来说，更是机遇大于困惑。我们不能再用老眼光来看待出版市场，更不能用老眼光来要求初入行的"新青年"。应鼓励他们勇于探索、大胆实践，在新媒体环境下闯出一条光明坦途。

时代潮流滚滚向前，不会为了谁停下脚步。只要不懈怠、不泄气，机会无处不在。传统出版人，只要勇于探索，路就在自己的脚下。

附文 传统出版人,路在何方

新媒体技术的迅猛发展,搅动着传统纸质图书出版的一泓春水。大浪淘沙,泥沙俱下,昔日的堡垒已经面目全非。不少传统图书出版人为着心中的理想仍坚守阵地,也有很多出版人身陷困惑与迷茫,被一种巨大的无力感纠缠着,不知路在何方。

有道是:山重水复疑无路,柳暗花明又一村。事实是,摆在我们面前的路仍有千条万条,只要愿意,我们都可以走出一条充满生机的阳光大道。

下面我举几个出版人的例子。

贺雄飞曾是出版界的一匹黑马。他一二十年来的人生轨迹,随着中国出版业的变幻、动荡而起伏。早在20世纪90年代,他因策划"草原部落"丛书,搅动了中国出版界与思想界,可谓叱咤风云。就在他的事业如日中天的时候,他突然"消失"了,他转换了身份,由一个出版人变为一个犹太文化学者,开始了著书立说的生涯。一二十年来,他虽然间或也搞些出版(出版的大多也是犹太文化方面的著作),但更多的是以一位犹太文化学者的身份参与社会活动。随着"转型"的深入,如今,他已出版犹太文化专著数十本,作过相关讲座上百场,俨然成为犹太文化的传播使者。因为他的"贡献",他曾被邀请亲赴以色列考察交流,并获得官方资助。如今,他抓住机遇,在北京创立了"以色列创新研究院"并任院长,专门经营"思想的生意",呼应中国大众创业、万众创新的时代潮流。他先后组织了多批中国年轻的企业家到访以色列,学习和借鉴犹太人的创新智慧。他也把以色列的教育专家引进到中国来,让以色列先进的教育理念触动中国的教育改革。他的事业红红火火,昭示了一个出版人的成功蜕变。

"凤凰联动"这个名字在出版界响亮已久。他们推出的那些超级畅销书,曾让那些一贯在体制里洋洋自得并过稳了日子的"出版家"们坐立不安。前两年他们推出了《求医不如求己》《只有医生知道!》系列畅销书,单一个系列的销量就在短短几年内突破了1500万册!这是一个什么概念?有些出版社一二十年销售的图书总数恐怕还不到这个数吧?!这样的奇迹,完全可能颠覆中国图书出版营销史。这些年来,困扰着众多图书出版人的问题是,纸质图书销售连连下滑,销售额节节下降,但人家是怎么实现逆袭的,招数在哪儿,肯定值得自诩为"出版家""资深出版人"的人们去研究。在我看来,当家人张小波的成功,在于他的惊人"创意"。他是诗人出身,那股子灵动的气质与奇诡的想象让他从业界脱颖而出。而这一切,正是厕身在体制内的出版人所不具备的。朝九晚五的"体制"消磨了人的激情与思想的"野性",创造力也就日益枯竭,而这对于本属于"创意产业"范畴的中国出版业，无疑是一种灾难。

如果多些出版人具备张小波式的灵动气质与思想的"野性"，所谓传统图书出版人的"出路问题"，就是一个伪命题。

在纸质图书的汪洋大海里"兴风作浪"后，他们也应时而变，因势而动，利用强大的资本积累与好的文本发掘优势，开始介入影视界，并在首战成功尝到甜头后，继续在图书、影视剧改编、投拍电影的"IP"道路上一路前行，以一个"出版人"的身份与影视界投资大佬们共同分享票房的丰厚收益。

出版界的新生代代表之一金马洛，如今也完成了一个转变。他从以往效力过的新经典、磨铁等著名公司跳脱出来，成立了属于自己的读蜜文化传媒公司。在积累丰富经验的文学出版方面，他们选择主打小说出版市场，并将对作家的"管理制"（而不是通常一般的、简单的版权"代理制"）引入出版理念。目前他们已经签约好几位有潜力的作家，全方位、长期稳定、无缝合作、实现双赢的作者与出版人之间的这种"亲密"关系，也将给他们带来新的挑战、机遇与希望。

以上是有关传统图书出版人的例子。下面的例子，尽管不是严格意义上的图书出版人所为，但也会对我们寻求"新的出路"有所启发。

一两年前，一个叫"绘本学堂"的微信公众号悄然诞生。

如今它的用户已发展到近10万人。这个微信号主打亲子阅读，尤其是亲子绘本阅读。近10年来，随着国外众多优秀的儿童绘本被引进到国内市场，一下子提升了妈妈们的阅读品位与鉴赏能力，也培养和吸引了众多的绘本粉丝，从而在社会上形成了"绘本热"乃至刮起了强大的"绘本旋风"。在绘本阅读需求旺盛的时候，如何引导妈妈们乃至幼儿园老师们学会甄别优秀绘本、把最好的推荐给孩子们，如何根据孩子的不同年龄段分类指导阅读，成为摆在现实面前急需解决的问题。在这种背景下，"绘本学堂"应运而生。他们不断推出这方面的优秀原创作品（也有转发），而且还不断举行线下活动。网上网下互动的效应，积累了大量忠实的目标读者。

我随意列举一些他们微信公号近期推送的文章：《三分钟，你来决定孩子的"阅读未来"》《听首席记者妈妈分享阅读启蒙绝招，就在今晚！》《史上最火绘本人文美育课，今晚八点开讲啦！（附美育书单）》《这些家庭是怎样越读越美丽的？》《家庭生物钟没调好，怎能养出好孩子？》《小学三个阶段，心理特征差别好大！（迟早会用到）》《为儿女焦虑的根源，原来竟是这个原因……》《医生妈妈：我这样搞定孩子感冒（手绘图解）》《11月国际童书展，三天玩什么？（剧透啦）》《人生最大的捷径，是读一流的书》《绘本教育的下一个"金矿"是什么？2015全国绘本课程实战工作坊来了!》《9条关于孩子阅读的颠覆性观点》《1—6岁儿童管教指南》。从这些推送文章来看,涉及的面很广,有儿童美育、儿童阅读习惯培养、家庭氛围建设、绘本教育、儿童心理健康、儿童管教、实用生活指导等。虽然主题由主打的绘本阅读指导、美育及绘本教育开始向外延伸,但都一律紧扣同一阅读主体即幼儿妈妈与幼儿园老师(也包括相关研究者)。"主题"与"主体"之间的黏性,最终成就了"绘本学堂"这一微信公众号。

接下来可做的事情就多了,"出路"也就不用愁了。最近,他们利用"绘本学堂"推出一门培训课,课时5节,每位收费1600元,结果很短时间就有近200人报名缴费,一门课就进账二三十万元人民币。

(本文发表于《出版商务周报》2015年11月22日)

后　记

鲁迅先生在日本学医，临分别时，他的导师藤野先生赠予他一张照片，以示纪念。在照片的反面，藤野先生写上"惜别"二字。后来鲁迅追忆那一段时光，还充满温情地写下散文名篇《藤野先生》。"惜别"是感伤的，是充满留恋之情的。我在职业生涯的后期，甚至临近尾声时，有幸整理、出版这本小书，也算是一种对职业的"惜别"。二十多年的职业生涯，匆匆流逝，倏忽而过，想来还是有些感伤的。职业生涯中有过坎坷，更有过被关照、被尊重与爱的温暖，而这温暖也让我留恋。

我的编辑职业生涯分为两段，前段在由出版社、杂志社与物业等多业态组成的东方出版中心。在那里我奋斗了十多年，领导的关心、关怀与大力支持，让我永生不忘。后段时光是在复旦大学出版社，领导先是设身处地帮我解决生活中的实际困难，继而又为我创造有利的工作环境，让我感激不已。

后　记

如今，燕山大学出版社又给了我出版这本小书的机会，任火先生为小书作序，这一切都让我感恩不尽！

这本小书收集的文章大都是多年以前写的，也有是近几年写的与职业相关的"论文"。概括起来，无外乎是对业界的观察、与作者的交往及对前路的探索所得。我的观察、交往及探索的识见，是极其有限的，无异于一孔之见。倘若能给同行一点（哪怕一丁点）的启示与帮助，那便实现了我的"初心"。当然偏颇甚至错谬是难免的，还请读者包涵。

这本小书所收文章，不少已在我的第一本小书《我的职业是编辑》中收过了，这回只是体例有所变化。书名取为《照亮自己——我的编辑世界》源于我的第一本小书。第一本小书的封面上有一行字：在照亮别人的同时，也照亮了自己——这就是编辑的人生。所谓"照亮自己"，就是吸收了生命的能量，充实了自己、提升了自己、鼓舞了自己、激励了自己罢了。我以为，编辑这种职业恰恰为"照亮自己"提供了便利的条件。编辑与"人"打交道，同时也与"思想"打交道。好的作者的人格魅力影响自己，磨砺自己，提升自己；好的思想涤荡自己，感召自己，醒悟自己，照亮自己。

我要感谢本书的责任编辑柯亚莉，是她的努力付出，才让这本小书得以如期付梓。

最后我要感谢我的妻子和女儿。妻子的鞭策与鼓励，女儿积极向上的人生态度，都对我产生了极大的影响。没有她们，便没有一切，更没有这本小书的诞生。

2023 年 5 月 12 日，于上海

图书在版编目（CIP）数据

照亮自己：我的编辑世界 / 李又顺著. — 秦皇岛：燕山大学出版社，2023.11
　ISBN 978-7-5761-0570-4

Ⅰ. ①照… Ⅱ. ①李… Ⅲ. ①编辑工作－出版工作－中国－文集 Ⅳ. ①G232-53

中国国家版本馆 CIP 数据核字（2023）第 201310 号

照亮自己——我的编辑世界
李又顺　著

出 版 人：陈　玉		责任编辑：柯亚莉	
装帧设计：方志强		责任印制：吴　波	
出版发行：燕山大学出版社 YANSHAN UNIVERSITY PRESS		地　　址：河北省秦皇岛市河北大街西段 438 号	
邮政编码：066004		电　　话：0335-8387555	
印　　刷：秦皇岛墨缘彩印有限公司		经　　销：全国新华书店	
开　　本：880mm×1230mm　1/32		印　　张：8.5　字　　数：160 千字	
版　　次：2023 年 11 月第 1 版		印　　次：2023 年 11 月第 1 次印刷	
书　　号：ISBN 978-7-5761-0570-4			
定　　价：45.00 元			

版权所有　侵权必究
如发生印刷、装订质量问题，读者可与出版社联系调换
联系电话：0335-8387718